Autrice et éditrice de bandes dessinées, Lisa Mandel fait de la BD dite « du réel », alternant autobiographies, documentaires et autofictions. En 2020, elle fonde Exemplaire, une maison d'édition alternative qui se bat pour une meilleure répartition des droits d'auteur·ices de BD.

COURRIER DES LECTEUR·ICES

Dans le n° 5 de *La Déferlante* était publié **un article de Louise Tourret**, sur les inégalités entre filles et garçons concernant la pratique de l'oral à l'école. Une professeure nous écrit à ce sujet.

LA SOUFFRANCE DES PROFS

Prof depuis plus de dix ans, je suis devenue presque incapable de lire des articles et d'écouter des émissions sur l'éducation dans des médias grand public. La plupart du temps parce que le traitement me paraît biaisé, ne tenant pas compte de la souffrance de nombreux professeurs qui, comme moi, ont la douloureuse conscience de ne pas faire aussi bien qu'ils le devraient, alors que l'institution, année après année, rend plus difficile voire impossible de faire bien, et méprise la dimension humaine de leur tâche. Aujourd'hui j'avais peur en commençant votre article dans cette revue que j'aime tant. Et pour la première fois depuis si longtemps, j'ai lu quelque chose qui m'a parlé, que j'ai trouvé juste, en lien avec mon métier, et ne venant pas d'un ou une collègue et/ou syndicaliste. Et ça m'a fait tellement de bien que j'en ai eu les larmes aux yeux. Alors merci.

Solène Billaud

Dans une newsletter envoyée le 4 février, nous vous détaillions les résultats d'une étude de lectorat réalisée à l'automne dernier sur un échantillon de 2500 personnes. L'enquête révèle notamment que les personnes qui nous lisent sont principalement des femmes, des citadines habitant dans des grandes villes.

C'est bien chouette d'avoir ce retour. Du coup, si ça peut faire parler les chiffres autrement : moi j'ai 49 ans, je viens d'une classe sociale plutôt basse mais j'ai fait des études plutôt longues et je vis en plein milieu de la Bretagne dans une ville vieillissante de 3200 habitants ! Enfin il paraît que les prochains chiffres du recensement inverseront la tendance… Par chez nous ça milite fort et régulièrement. Longue vie à *La Déferlante* et merci pour votre taf !

Céline

DES TOTE BAGS PAS ÉCOLO

Je souhaitais vous partager un ressenti sur l'envoi des tote bags [dans les offres de réabonnement de Noël] : c'est mignon, les messages sont chouettes, mais je pense malheureusement qu'ils ont suffisamment garni nos placards ces dernières années… Même si on encourage leur réutilisation, on sait pertinemment que nous en avons plus que de mesure pour faire des courses ! Je regrette cette non-prise en considération d'un point de vue écologique. Puis j'imagine que cela a un coût (à mon sens inutile) pour votre revue.

Une lectrice sur Instagram

Merci pour votre message. Concernant les tote bags, il s'agissait d'offrir à nos nouveaux et nouvelles abonné·es un petit cadeau de bienvenue. C'est une idée qui nous avait été plusieurs fois suggérée par des lecteur·ices. Mais vous avez raison, la production de tels produits dérivés, même fabriqués en coton biologique, a un impact écologique que nous ne devons pas négliger. Nous l'aurons en tête pour nos prochaines campagnes d'abonnement.
LA DÉFERLANTE

Ce courrier des lecteur·ices est le résultat d'une sélection et d'un travail d'édition de la part de la rédaction en chef de *La Déferlante*. Certains passages ont fait l'objet de coupes, même si toutes ne sont pas matérialisées. **Pour nous écrire : contact@revueladeferlante.fr**

LA DÉFERLANTE ET LES HOMMES

À de nombreuses reprises, lors de rencontres en librairies ou par mail nous avons été interrogées sur la place des hommes dans *La Déferlante*. En tant que dirigeantes d'un média féministe engagé, nous souhaitons faire travailler prioritairement des femmes, des personnes trans ou non binaires, des personnes racisées et non valides. Ce choix prend acte d'un système économique qui précarise davantage les personnes minorisées et témoigne de notre volonté, à notre échelle, de rééquilibrer des disparités de revenus. Faire écrire prioritairement ces personnes dans nos pages est aussi un moyen de redistribuer la parole médiatique. Pour rappel, selon un rapport parlementaire de Céline Calvez publié en septembre 2020, les hommes représentent 83,4 % des personnes apparaissant à la une des quotidiens et ils y signent 74,4 % des tribunes d'opinion.

Nous avons ainsi l'habitude de dire que les hommes qui partagent nos engagements et nos valeurs sont les bienvenus à *La Déferlante* – et ils sont plusieurs à avoir signé des articles dans la revue –, mais, en termes de politique de ressources humaines, nous préférons diriger nos efforts vers le recrutement de personnes minorisées. **LA DÉFERLANTE**

> Ce petit message pour vous remercier pour cette revue qui a ouvert mes chakras à un point que je n'aurais jamais imaginé. C'est tout un nouveau monde qui s'ouvre à moi, qui a déferlé sur le reste des croyances que j'avais mais qui ne me convenaient pas, qui m'asphyxiaient. On se sent vachement moins seule!
>
> Tatiana Deschamps

DESSINER
CONTRE LA GUERRE EN UKRAINE

Oksana Drachkovska est une illustratrice ukrainienne qui, depuis l'invasion de son pays par la Russie, documente les atrocités de la guerre. L'artiste de 34 ans a quitté sa ville d'origine, Lviv, quelques jours après le début des frappes russes. Réfugiée d'abord en Pologne, puis en Espagne où elle est hébergée par une galerie d'art, elle a continué à dessiner: *«Une fois en sécurité, j'ai réalisé que la seule chose que je pouvais faire pour mon pays était de dessiner et de vendre des tirages dont les bénéfices iraient aux bénévoles en Ukraine»*, explique-t-elle à *La Déferlante*. Ci-dessus le portrait de Kateryna Dyachenko, gymnaste de 11 ans tuée dans les bombardements russes de Marioupol en mars dernier.

SOMMAIRE

1 LE DESSIN
Les folles aventures de Marie-Évangéline…
Lisa Mandel

2 COURRIER DES LECTEUR·ICES
6 EN BREF
8 CARTE DES RÉVOLUTIONS FÉMINISTES

10 RENCONTRE
CÉCILE DUFLOT & WINNIE BYANYIMA
La politique autrement : un dialogue inédit entre l'ancienne ministre et la directrice exécutive d'Onusida

22 CHRONIQUE
LETTRE AU CYCLONE QUI M'A GUÉRI
Tal Madesta

24 REPORTAGE
ROCK POWER !
L'émancipation par la guitare électrique
Audrey Guiller

30 CHRONIQUE
SUR LE BANC DE TOUCHE
Marthe Dolphin

32 DÉBAT
COMMENT MIEUX DÉFINIR LES FÉMINICIDES ?

Avec Gwenola Joly-Coz, Frédéric Chauvaud et Maëlle Noir

42 CHRONIQUE
LE SYNDROME DE LA FEMME BATTUE RECONNU DEVANT LES TRIBUNAUX
Marion Dubreuil

44 PORTFOLIO
RAGE POLONAISE
Des manifs pour l'avortement à celles contre la guerre en Ukraine
Par le Collectif Archiwum Protestów Publicznych
(Archive de la contestation publique)

MICHALINA KUCZYŃSKA

54 CARTE BLANCHE
NOUS APPROCHIONS DES DUNES
Herculine Barbin
par l'autrice Mathilde Forget

64 DOSSIER
RIRE
DIS-MOI CE QUI TE FAIT MARRER, JE TE DIRAI QUI TU ES

66 VERBATIM
CRYSTAL CHARDONNAY, DRAG QUEEN À LILLE
Nada Didouh

68 FOCUS
LES MEILLEURES BLAGUES SONT FÉMINISTES
Anne-Laure Pineau

73 POURQUOI LUTTEZ-VOUS ?
LES BARBUES À L'ASSAUT DU POUVOIR
Christelle Murhula

76 RÉCIT
OUH OUH !
Un texte tragicomique de la romancière Nathalie Kuperman

82 HISTOIRE D'UN SLOGAN
« UNE FEMME SANS HOMME, C'EST COMME UN POISSON SANS BICYCLETTE »
Audrey Lasserre

86 ENTRETIEN
Avec l'historienne Sabine Melchior-Bonnet
« LE RIRE DES FEMMES A ÉTÉ RÉPRIMÉ PENDANT DES SIÈCLES »
Marion Rousset

94 BANDE DESSINÉE
ANNE BONNY & MARY READ
Pirates sans contrefaçon
Lisa Lugrin et Clément Xavier

LISA LUGRIN POUR LA DÉFERLANTE

114 RETOUR SUR
L'AFFAIRE CANTAT
Déconstruire la rhétorique du « crime passionnel »
Rose Lamy

122 FOCUS
L'INDE
UN MILLION DE RÉVOLTES FÉMINISTES
Ingrid Therwath

129 HISTOIRE
UN SILENCE RELIGIEUX
Maltraitances dans les congrégations du Bon Pasteur
Sarah Boucault

136 DANS LE TEXTE
MARIAMA BÂ
Extrait de son chef-d'œuvre Une si longue lettre *(1979)*
Axelle Jah Njiké

144 CONTRIBUTEUR·ICES

EN BREF

TÉLÉCONSULTATION POUR UNE IVG MÉDICAMENTEUSE

C'était une mesure exceptionnelle liée à la crise sanitaire et aux confinements, mais un décret publié le 19 février au *Journal officiel* est venu la pérenniser : la téléconsultation suffit pour une interruption volontaire de grossesse (IVG) médicamenteuse, une mesure réclamée entre autres par le Planning familial. Laura Marin Marin, médecin et membre du bureau de l'Association nationale des centres d'IVG et de contraception (Ancic) salue une décision qui *« donne une possibilité supplémentaire d'accéder à l'IVG »* et aide à combler les déserts médicaux : *« Il y a des régions où les délais sont longs et les professionnel·les sont loin. Il y a donc un intérêt majeur à ce que les femmes puissent avoir cette possibilité-là. »* L'avortement médicamenteux prescrit en téléconsultation permet une plus grande discrétion. *« C'est une modalité intéressante, utile, voire indispensable »*, conclut-elle. Dans le même temps, l'allongement du délai de 7 à 9 semaines d'aménorrhée pour l'accès à l'IVG médicamenteuse a également été pérennisé.

INSULTES SEXISTES DANS LA POLICE

Dans la nuit du 4 au 5 février, une professeure de 34 ans s'est rendue au commissariat des 5e et 6e arrondissements de Paris pour déposer plainte pour agression sexuelle. Quelques heures plus tard, un policier l'appelle et lui demande de venir compléter sa plainte. Puis, pensant avoir raccroché, il l'insulte à plusieurs reprises, dans un enregistrement rendu public par *Mediapart* : *« Putain, elle refuse la confront' en plus, la pute. Comme par hasard. En fait, c'était juste pour lui casser les couilles. [...] Putain, grosse pute. »* L'enseignante a donc déposé plainte pour injures cette fois-ci, mais le parquet de Paris a classé cette plainte sans suite le 4 mars dernier.

#LETUSPLAY

Le collectif Les Hijabeuses, fondé par de jeunes footballeuses qui revendiquent le droit de pouvoir jouer au foot avec le voile, a lancé une vaste campagne sous les hashtags #LetUsPlay et #LaissezNousJouer, en janvier dernier. Le 19 janvier, les sénateur·ices ont adopté, contre l'avis du gouvernement, un amendement proposé par le groupe Les Républicains interdisant *« le port de signes religieux ostensibles »* lors *« d'événements sportifs et compétitions sportives organisées par les fédérations sportives »*. Les Hijabeuses se sont mobilisées massivement en organisant des matchs devant le Sénat et en lançant une pétition pour interpeller les politiques. Le 23 février, les député·es ont supprimé l'amendement en question. Une petite victoire pour Les Hijabeuses, pour qui la lutte continue. La Fédération internationale de football (Fifa) autorise le port du voile en match officiel depuis 2014. La Fédération française de football (FFF) reste la seule fédération au monde à empêcher les femmes de jouer voilées durant les matchs officiels.

UNE FEMME TRANS RECONNUE COMME MÈRE PAR LA JUSTICE

Claire a obtenu gain de cause le 9 février, après huit ans de procédure. La cour d'appel de Toulouse lui a reconnu le droit de figurer comme mère sur l'acte de naissance de sa fille. Celle-ci a été conçue après le changement d'état civil de Claire, femme transgenre, mais avant sa transition médicale, et, pour la première fois en France, des magistrats ont considéré que *« deux filiations maternelles pouvaient en l'espèce être établies »*. En 2018, la cour d'appel de Montpellier avait déjà innové et tranché en faveur de l'inscription de la notion de *« parent biologique »*, un pas jugé insuffisant par la famille, et pas compatible avec le droit français selon la Cour de cassation qui avait renvoyé le dossier vers la cour d'appel de Toulouse en 2020. *« C'est une révolution, une victoire totale dans cette bataille. Ce n'est pas le seul enfant concerné, c'est une décision qui ouvre un nouvel horizon, qui va détendre beaucoup de parents et de futurs parents »*, a déclaré à l'AFP l'avocate de Claire, maître Clélia Richard.

33 %

C'est le taux d'augmentation des plaintes pour violences sexuelles enregistré en 2021 selon les chiffres du ministère de l'Intérieur communiqués le 27 janvier dernier. À titre de comparaison, la hausse enregistrée en 2020 était de 3 %, et en 2019 de 12 %. Les services statistiques du ministère expliquent cette augmentation par une *« libération de la parole »*, une hausse des déclarations pour des faits anciens ainsi qu'une *« amélioration de la politique d'accueil des victimes »*, alors même qu'une enquête du collectif NousToutes parue il y a un an dévoilait qu'une femme sur deux avait essuyé un refus en voulant porter plainte pour agression.

FÉMINISTES ANTIFASCISTES

ENDOMÉTRIOSE

En janvier, le gouvernement a largement communiqué sur le lancement d'une *« stratégie nationale de lutte contre l'endométriose »*. Le 13 janvier, l'Assemblée nationale votait à l'unanimité la reconnaissance de cette maladie comme affection longue durée (ALD). Mais le gouvernement n'a finalement pas inscrit cette mesure phare sur la liste ALD30 des maladies longue durée prises en charge par l'assurance maladie. Cette classification devait notamment permettre le remboursement intégral des traitements et des parcours de soins. *« Ce n'est pas normal de devoir se battre, en 2022, pour avoir une prise en charge par la Sécurité sociale d'une maladie chronique découverte en 1860. Il faut simplifier les démarches »*, regrette Myriam Poulain, présidente d'EndoAction, association qui sensibilise, informe et soutient les personnes atteintes d'endométriose et leurs proches. Désormais, elle exige des réponses concrètes à la maladie : *« Il faut mettre les moyens, former l'ensemble du corps médical, les enseignant·es et les acteurs du monde professionnel, et rappeler que souffrir pendant les règles, ce n'est pas normal. »*

DES FÉMINISTES CONTRE LE FASCISME

Dimanche 27 mars, une dizaine de féministes ont déposé gerbes, pancartes et collages à Paris, en hommage au rugbyman Federico Martín Aramburú assassiné par balles quelques jours plus tôt. Loïk Le Priol, figure de l'extrême droite, est soupçonné d'être l'auteur de cet assassinat. *« Nous sommes indignées par le silence politique et médiatique autour de ce crime délibérément fasciste*, souligne une militante à l'origine de cette action, Alice Baskurt. *En tant que féministes, nous sommes au premier rang de la lutte contre l'extrême droite parce que si elle arrive au pouvoir, ce sont les femmes et les LGBT qui prendront en premier. »*

LES FONDATEURS DU REFUGE MIS EN EXAMEN

L'association Le Refuge, qui héberge et accompagne des jeunes LGBTQI+ rejeté·es par leurs familles, a été secouée le 21 janvier dernier par la mise en examen de ses deux fondateurs : Nicolas Noguier, pour viol et agression sexuelle, et Frédéric Gal, pour des faits de harcèlement sexuel. Les deux hommes ont aussi été mis en examen pour travail dissimulé et harcèlement moral sur plusieurs salarié·es et bénévoles de la fondation. Placés sous contrôle judiciaire, ils ont l'interdiction d'exercer une activité en contact avec des mineur·es ou des personnes vulnérables. Durant leur garde à vue, ils ont contesté tous les faits reprochés. Un an plus tôt, en février 2021, ils avaient démissionné de leurs fonctions de président et de directeur après la parution d'un article de *Mediapart* qui pointait de graves dysfonctionnements dans la gestion et le management du Refuge.

La carte des révolutions féministes

Au Salvador, en Nouvelle-Zélande, en Afghanistan et au Maroc… tour d'horizon des luttes pour les libertés et contre les violences de genre. Notre carte, qui s'affranchit d'une vision eurocentrée du planisphère, a été dessinée par la cartographe indépendante Léonie Schlosser.

AU SALVADOR, LIBÉRATION D'UNE FEMME EMPRISONNÉE POUR AVORTEMENT

Elsy (pseudonyme), une Salvadorienne de 38 ans, a été libérée de prison le 9 février, après dix ans d'incarcération pour un avortement qualifié d'*« homicide aggravé »*. Incarcérée à la suite d'une urgence obstétrique, elle avait été condamnée à une peine de trente ans de réclusion. Le Salvador interdit l'avortement en toutes circonstances, même en cas de danger pour la santé de la mère ou de l'enfant. Elle est la cinquième femme emprisonnée pour une suspicion d'avortement à avoir été libérée en deux mois.

L'AVORTEMENT SANS CONDITION N'EST PLUS UN DÉLIT EN COLOMBIE

L'avortement n'était autorisé en Colombie qu'en cas de risques pour la vie ou la santé de la femme enceinte, de malformations fœtales potentiellement mortelles ou pour les grossesses résultant d'un viol, d'un inceste ou d'une insémination artificielle non consentie. Mais, depuis le 21 février, les femmes peuvent avoir recours à l'avortement sans devoir se justifier jusqu'à la vingt-quatrième semaine de leur grossesse. C'est une avancée historique dans un pays où, selon les associations de défense des droits des femmes, 400 000 femmes avortaient clandestinement chaque année. En Amérique latine, quatre États continuent d'interdire toute interruption volontaire de grossesse sans exception : le Salvador, le Nicaragua, le Honduras et la République dominicaine.

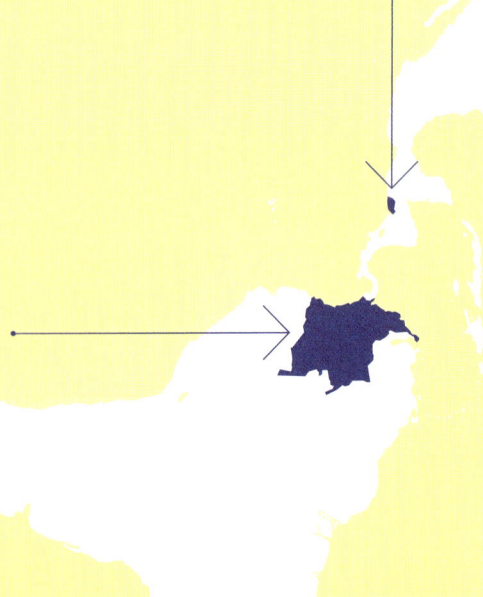

LES THÉRAPIES DE CONVERSION INTERDITES EN NOUVELLE-ZÉLANDE

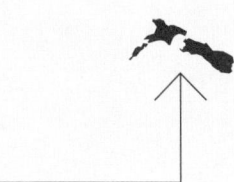

Le Parlement néo-zélandais a adopté le 15 février, à la quasi-unanimité, un texte de loi interdisant les pratiques visant à modifier de force l'orientation sexuelle ou l'identité de genre d'une personne. Désormais, faire subir une thérapie de conversion à un·e mineur·e ou à toute personne dont la capacité à prendre des décisions est affaiblie est passible de trois à cinq ans de prison. L'abolition de cette pratique était l'une des promesses de campagne de la Première ministre néo-zélandaise Jacinda Ardern, reconduite à ses fonctions après une victoire écrasante du Parti travailliste en octobre 2020.

DES MILITANTES FÉMINISTES LIBÉRÉES EN AFGHANISTAN

Elles avaient été arrêtées en janvier à Kaboul après avoir manifesté pour les droits des femmes, et portées «disparues» ensuite. Les militantes féministes Tamana Zaryabi Paryani, Parwana Ibrahimkhel, Mursal Ayar et Zahra Mohammadi ont été relâchées par les talibans les 11 et 13 février selon la mission de l'ONU en Afghanistan. Des membres de leur famille, également disparus, ont aussi recouvré la liberté. Les talibans nient toute implication dans la disparition des militantes et assurent avoir ouvert une enquête.

AU MAROC, LE #METOO DES ÉTUDIANTES

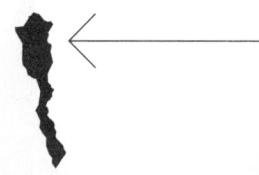

Depuis septembre 2021, des centaines d'étudiantes marocaines brisent l'omerta autour du chantage sexuel dans le milieu universitaire. À l'origine du scandale «sexe contre bonnes notes»: les témoignages d'étudiantes refusant d'avoir des relations sexuelles avec leurs enseignants qui ont vu leurs travaux universitaires sous-notés ou qui n'ont pas pu valider leur semestre. Depuis janvier, plusieurs professeurs comparaissent devant la justice, qui a déjà prononcé des condamnations. Le ministre de l'Enseignement supérieur a promis une politique de *«tolérance zéro»*.

RENCONTRE

CÉCILE DUFLOT & WINNIE BYANYIMA
LA POLITIQUE AUTREMENT

Entre Winnie Byanyima, politicienne ougandaise aujourd'hui directrice d'Onusida, et Cécile Duflot, ancienne ministre du Logement, quels horizons partagés ? La première était directrice exécutive d'Oxfam International quand la seconde a pris les rênes de la branche française de l'ONG. Elles ont en commun des valeurs féministes qu'elles concilient sans peine avec leurs convictions religieuses. Rencontre entre deux personnalités qui luttent avec pragmatisme pour davantage de justice sociale.

PHOTOS **Magali Delporte** pour *La Déferlante*

Membre de l'agence photo Signatures, elle travaille pour la presse française et internationale.

Cécile Duflot et Winnie Byanyima à Paris, le 10 février 2022.

RENCONTRE

Winnie Byanyima, Cécile Duflot, vous avez eu toutes deux des parents engagés pour la justice sociale. Le féminisme avait-il sa place dans cette politisation précoce ?
WINNIE BYANYIMA Oui, j'ai grandi en étant très consciente que filles et garçons n'avaient pas les mêmes droits. Le mot féminisme n'existait pas encore dans ma communauté, mais ma mère, qui était enseignante, militait pour les droits des femmes en organisant des clubs dans notre cour. Elle apprenait à lire aux femmes de notre village, et aussi à faire de l'artisanat, à s'occuper des enfants. Ensemble, elles parlaient des droits des filles, et notamment du droit à l'éducation – à une époque où seuls les garçons poursuivaient leur scolarité – et du problème des mariages précoces. Mon histoire avec mon père a aussi compté. Je viens d'une culture pastorale. Une vache a mis bas le jour de ma naissance : on m'a raconté qu'il était déçu d'avoir une fille, mais se réjouissait d'avoir une nouvelle génisse. Je l'ai par la suite souvent taquiné : *« Tu as préféré la vache à moi ! »* Mais lui m'a toujours répété : *« Ta naissance m'a rendu heureux parce qu'une fille est l'égale d'un garçon. »*

CÉCILE DUFLOT Moi, mes parents étaient très militants, très engagés dans les mouvements tiers-mondistes et la solidarité internationale, mais pas particulièrement féministes. Cela dit, mon frère, ma sœur et moi avons été élevé·es de la même manière, d'autant que ma mère travaillait. Nous devions tous et toutes débarrasser la table, par exemple. Mais dans cet environnement, il n'y avait pas de réflexion sur la condition des femmes. Mon vrai déclic féministe, c'est lorsque j'ai reçu ma confirmation dans l'Église catholique. J'étais très pieuse et quand j'ai demandé à l'évêque, dans ma lettre de confirmation, quelle allait être la suite – puisque je n'avais pas le droit d'être ordonnée prêtre –, l'évêque m'a répondu que Dieu avait fait les femmes et les hommes différents, que chacun·e avait sa place. J'ai trouvé ça vraiment dégueulasse. Parce que si j'avais pu, je serais devenue évêque plutôt que ministre. Cette petite révolte intérieure, elle ne m'a jamais quittée.

Winnie Byanyima, à 25 ans, jeune ingénieure aéronautique, vous entrez dans la clandestinité en intégrant la rébellion armée ougandaise. Comment être féministe en temps de guérilla ?
WINNIE BYANYIMA Le mouvement dans lequel je combattais était dirigé par des hommes progressistes, aux conceptions assez marxistes. Moi, en tant que féministe de gauche, je militais pour l'égalité des sexes. Et ils me disaient : *« Winnie, arrête de faire des problèmes. Nous nous occuperons de ça une fois que nous aurons éliminé le dictateur. »* Ils m'ont même traitée d'*« obscurantiste »*, parce qu'ils craignaient que je n'embrouille les camarades. Mais ils ont fini par comprendre qu'il fallait s'attaquer à toutes les injustices en même temps. Et plus tard, notre mouvement a ouvert la voie aux femmes en politique.

Cécile Duflot, vous avez à peu près le même âge quand vous rejoignez les Verts en 2001. Même question : comment être féministe dans la sphère politique, également très viriliste ?
CÉCILE DUFLOT Je me suis engagée dans un parti qui se revendiquait déjà féministe à l'époque. Mais quand je suis arrivée à la direction du parti, j'avais 28 ans, j'ai entendu l'un des chefs dire : *« On ne va quand même pas foutre à la direction une mère de famille nombreuse. »* J'avais trois enfants. J'ai serré les dents et, en conscience, j'ai décidé d'adopter une partie des codes complètement virilistes nécessaires pour se faire respecter. J'ai appris qu'il fallait parfois être capable d'aller à l'affrontement physique. Lors de mon premier mandat de secrétaire nationale, en 2006, il y avait un mec qui m'appelait régulièrement *« la manageuse »* à la table de la direction, pour me décrédibiliser. Voyant qu'il n'arrêtait pas malgré l'ultimatum que je lui avais donné, j'ai fini par lui mettre un grand coup de genou entre les jambes en sortant d'une réunion. À ce moment-là, tout le monde s'est retourné. J'ai dit : *« Oui, ne cherchez pas, je lui ai foutu un coup de genou dans les couilles. »* Et je l'ai prévenu : *« La prochaine fois, Patrick, c'est un coup de boule. Et tu sais quoi, je te tirerai aussi par les oreilles, ça fait très, très mal. »* En vrai, je déconseille à tout le monde de faire ça. Mais à partir de ce jour-là, ils se sont dit que j'étais cinglée, et plus personne ne m'a embêtée – c'est terrible d'ailleurs, parce que c'est une défaite, c'est le pire du comportement viril. Plus tard, lors de négociations difficiles avec le Parti socialiste pendant les municipales de 2008, je faisais exprès de parler comme une charretière alors que j'étais enceinte de huit mois et demi. La nana avec un très gros ventre qui s'exprime

de façon vulgaire en instaurant un rapport de force de brute, ça faisait perdre leurs moyens à certains. À l'époque, j'estimais que, pour montrer ma solidité, je devais serrer les dents sur les agressions et les remarques sexistes. Maintenant, notamment grâce à #MeToo, je réalise que je n'aurais pas dû subir ça ni y répondre de cette manière. Je ne fais plus ça !

WINNIE BYANYIMA C'est un monde tellement inégalitaire… Lorsque j'ai débuté comme officière mécanicienne à Uganda Airlines, il m'est arrivé de devoir endurer les blagues graveleuses de mes supérieurs pendant huit heures de vol. Plus tard, au sein de mon organisation politique, c'étaient des remarques sexistes. En tant que femme, vous êtes tout le temps désavantagée. Si vous vous battez pour vos droits, vous êtes agressive ; si vous vous taisez, vous êtes faible. C'est pour cette raison que nous sommes féministes, parce que personne ne doit subir cela, et parce qu'au fil des ans, nous développons une empathie à l'égard de toute personne subissant une oppression.

Dans votre lutte contre les oppressions justement, Winnie Byanyima, il y a votre participation à la rédaction de la Constitution ougandaise de 1995. Elle est reconnue comme un outil précurseur en matière d'égalité de genre.
WINNIE BYANYIMA L'élaboration de cette nouvelle Constitution pour l'Ouganda, c'est l'une des grandes réalisations de ma vie. Quand je me suis présentée aux élections [de l'Assemblée constituante], tous ceux au pouvoir dans ma circonscription – au sein du gouvernement local, de l'Église, des écoles – étaient des hommes. À l'époque, je n'étais pas mariée et je n'avais pas d'enfant ; je me suis retrouvée à devoir défendre mes choix dans une communauté très religieuse et conservatrice. Alors j'ai incité les femmes à s'engager et à voter pour moi : on pouvait les voir mener ma campagne. Finalement, j'ai gagné haut la main et j'ai pris la tête du groupe parlementaire des 51 femmes députées. Avec quelques député·es représentant la jeunesse et les travailleur·euses, nous avons réussi à former un bloc représentant 20 % de l'Assemblée. Ensemble, nous avons introduit dans la Constitution un quota d'un tiers de femmes dans chaque assemblée locale. Aujourd'hui, en

> « JE VOIS DES JEUNES REPRENDRE NOS COMBATS AUSSI BIEN SOCIALISTES QUE FÉMINISTES, ET J'ESSAIE DE LEUR TRANSMETTRE CE QUE J'AI APPRIS. »
>
> **Winnie Byanyima**

WINNIE BYANYIMA ET CÉCILE DUFLOT EN 10 DATES

1959
Naissance de Winnie Byanyima à Mbarara, en Ouganda, trois ans avant l'indépendance du pays.

1975
Naissance de Cécile Duflot à Villeneuve-Saint-Georges (Val-de-Marne).

1976
Winnie Byanyima fuit la dictature ougandaise et part étudier en Angleterre.

1994
Winnie Byanyima est élue membre de l'Assemblée constituante ougandaise, puis députée en 1996.

2006
Cécile Duflot est élue secrétaire nationale des Verts.

2012
Nommée ministre de l'Égalité des territoires et du Logement sous François Hollande, Cécile Duflot démissionne en 2014.

2013
Winnie Byanyima devient directrice exécutive d'Oxfam International.

2018
Cécile Duflot prend la direction d'Oxfam France.

2019
Février
Cécile Duflot appelée à témoigner au procès intenté par Denis Baupin pour dénonciation calomnieuse.

Novembre
Winnie Byanyima est nommée directrice exécutive d'Onusida.

---

1. Le Forum for Women in Democracy (FOWODE) offre une plateforme d'outils et de réseaux pour faciliter l'entrée des femmes ougandaises dans les instances décisionnaires.

2. Le 18 janvier 2022, sur BFM TV, lors de l'émission « La France dans les yeux », en face de l'intéressé, Valérie Pécresse exprime son soutien aux femmes qui ont porté plainte pour agression sexuelle contre le journaliste.

3. Lors d'une séance à l'Assemblée nationale le 17 juillet 2012, des députés de l'UMP sifflent Cécile Duflot, alors ministre, qui porte une robe colorée.

Ouganda, elles sont presque 50 % de femmes dans les assemblées locales, l'un des chiffres les plus élevés au monde ! Pour former les femmes qui intégraient la vie politique, nous avons créé le Forum des femmes pour la démocratie[1] : nous leur avons montré comment faire campagne, écrire un discours, lire un budget, présenter une motion, etc. Ce fut une période historique passionnante : on construisait un pays qui sortait de la guerre en élaborant une constitution où les droits humains, ceux des femmes et des enfants notamment, avaient toute leur place.

Aujourd'hui, Yoweri Museveni –votre ancien frère d'armes– gouverne l'Ouganda en dictateur. Où en sont les droits des femmes dans ce régime autoritaire?
WINNIE BYANYIMA Le président Museveni a mené une révolution à laquelle j'ai participé, puis il a commencé à modifier la Constitution de 1995 avec l'aide de députés corrompus. Il a changé les règles à son avantage et celui de sa clique ; lui et quelques hommes qui contrôlaient l'armée se sont accaparé le pouvoir politique. Peut-on être féministe et soutenir une telle dictature? Bien sûr que non. Le féminisme défend l'égalité, la justice pour tous et toutes. C'est pourquoi j'ai quitté la politique pour me consacrer au développement international. Je ne pouvais pas continuer à soutenir un président et un gouvernement qui n'ont pas la légitimité du peuple. Aujourd'hui, des féministes sont présentes dans la société civile, dans les universités et dans d'autres institutions, des femmes sont élues en nombre, pourtant le système est bloqué par un leader qui ne veut pas lâcher le pouvoir. Ces bons chiffres servent de faire-valoir démocratique pour le régime, mais ils n'ont aucun effet sur les Ougandais·es des classes populaires. Nous n'abandonnons pas. Je vois des jeunes reprendre nos combats aussi bien socialistes que féministes, et j'essaie de leur transmettre ce que j'ai appris. C'est deux pas en avant, un pas en arrière.

Cécile Duflot, vous entrez chez les Verts juste après le vote de la loi sur la parité en 2000. En vingt ans de vie politique, avez-vous pu constater les effets positifs de cette loi?
CÉCILE DUFLOT En matière de féminisation, comme le dit Winnie, ça progresse par à-coups. Il n'y a jamais eu autant de femmes candidates à l'élection présidentielle : les deux partis qui ont structuré la vie politique française de ces dernières décennies –le Parti socialiste et les Républicains– ont chacun une candidate [Anne Hidalgo et Valérie Pécresse], c'est une première historique. La prise de position de Valérie Pécresse face à Jean-Jacques Bourdin[2] n'aurait jamais été imaginable avant #MeToo. Et plus aucune ministre ne se fera siffler dans l'hémicycle parce qu'elle porte une robe[3]. Je fais partie d'une génération qui n'était pas convaincue par la parité. Moi, je voulais gagner des postes au mérite mais je n'avais pas du tout réalisé que le système était extrêmement fermé. Je suis très heureuse que des féministes plus expérimentées aient tenu bon en 2000. Pourtant, même

s'il y a parité au gouvernement aujourd'hui, le pouvoir exécutif en France est encore entre des mains masculines. Les femmes nommées au gouvernement sans avoir instauré un rapport de force sont condamnées, pour beaucoup, à faire de la figuration ou à être complices du patriarcat. Donc même si les règles sont utiles, elles ne suffisent pas.

En février 2019, vous avez révélé avoir été agressée onze ans auparavant par Denis Baupin, alors figure incontournable chez les Verts. Qu'est-ce qui vous décide à prendre la parole à ce moment-là?
CÉCILE DUFLOT L'histoire est un peu plus ancienne. Je savais comment se comportait Denis Baupin, mais je pensais qu'il avait changé depuis qu'il avait rencontré sa compagne [Emmanuelle Cosse]. En 2015, je retourne à l'Assemblée nationale et je comprends qu'il y a toujours un souci. Alors, quand Sandrine Rousseau, qui à l'époque est porte-parole nationale d'EELV, me raconte l'agression sexuelle qu'elle a subie, je lui promets de témoigner si elle porte plainte. Quand elle le fait l'année suivante, je suis convoquée par la police et je dis ce que j'ai à dire. Mais en mars 2017, l'enquête est classée sans suite[4]. Finalement, c'est Denis Baupin qui porte plainte. Début 2019, le procès arrive et je réalise qu'il va coïncider avec le moment où Winnie – alors directrice d'Oxfam International – vient inaugurer les nouveaux locaux d'Oxfam France. Sur le coup, je suis effondrée et je me dis que, médiatiquement, ça va complètement phagocyter sa visite. Quand je l'appelle enfin, je lui raconte, et là – je m'en souviendrai toute ma vie –, elle me dit: *«Je suis si fière de toi!»* C'était incroyable, tellement le contraire de ce à quoi je m'attendais! Sa réaction a joué sur l'intégralité de mon témoignage. Témoigner a été à la fois extrêmement libératoire et extrêmement douloureux, ça a fait remonter chez moi tout un tas de scènes que j'avais vécues. Et quand j'ai vu la presse après, je me suis dit: *«Putain! Avoir serré les dents pendant 15 ans pour finir ma carrière politique avec "Duflot en larmes au tribunal" en une!»* Mais on ne choisit pas sa part dans l'histoire de l'émancipation des femmes. Je n'avais pas anticipé que ma robe bleue deviendrait un étendard du sexisme en politique. Et quand je suis allée témoigner au procès Baupin, je l'ai fait pour Sandrine et parce que, vraiment, je trouvais hallucinant qu'il ose porter plainte.

MAGALI DELPORTE POUR LA DÉFERLANTE

« Je ne pense pas que la sororité existe tout le temps, mais parfois une phrase dite par une femme en qui vous avez confiance, ça change tout. »

Cécile Duflot

4. Pour prescription des faits. Denis Baupin riposte alors en assignant au tribunal ses accusatrices pour dénonciation calomnieuse. Mais ce procès donne lieu à plusieurs témoignages (dont celui de Cécile Duflot) à charge contre l'homme politique, qui se voit condamné pour procédure abusive.

15

« LA CONQUÊTE DE L'ESPACE QUE SE DISPUTAIENT LES GRANDS PAYS EST DEVENUE UN CONCOURS DE BITES ENTRE MILLIARDAIRES. ÇA NOUS EMMÈNE DANS LE MUR. »

Cécile Duflot

Je pense que ma parole a porté parce que j'avais pu être agressée alors que j'incarnais une certaine force, j'étais cheffe de parti, je tenais tête au président de la République. Mon témoignage, ça voulait dire que les violences sexuelles, ce n'était pas un truc de faible femme, de victime, de chouineuse mais bien un enjeu systémique. De fait, en politique, les agresseurs savaient que leurs victimes ne pourraient pas parler. Tu n'es pas cheffe de parti si tu vas te plaindre parce que machin a essayé de t'embrasser. Ça a toujours fait partie du système pour nous écarter : soit tu supportais et cela te rendait dure, soit tu prenais la tangente. D'une certaine manière, j'ai fini par prendre la tangente, d'ailleurs, moi aussi. Mais Winnie, à ce moment-là, avec ses mots, elle m'a donné un blanc-seing, elle m'a dit : « *Vas-y.* » Je ne suis pas de celles qui pensent que la sororité existe tout le temps, mais parfois une phrase dite par une femme en qui vous avez confiance, ça change tout.

WINNIE BYANYIMA La violence envers les femmes et les filles est si répandue qu'il n'y a pratiquement aucune d'entre nous qui n'y a pas été confrontée. Nous ne pourrons pas résoudre ce problème tant que nous n'aurons pas de dirigeant·es prêt·es à dénoncer la violence, et c'est ce que j'ai vu Cécile faire, au prix d'un lourd tribut. S'il y a une seule raison pour laquelle nous avons besoin de femmes au pouvoir partout, c'est qu'il n'y aura pas de tolérance zéro tant que les femmes ne dirigeront pas aussi.

Winnie Byanyima, quels souvenirs gardez-vous du scandale qui a éclaté alors que vous étiez à la tête d'Oxfam International, sur des faits de violences sexuelles perpétrées par des membres d'Oxfam Grande-Bretagne à Haïti en 2011 ?
WINNIE BYANYIMA C'était une situation très difficile. La violence est une question d'inégalités et d'abus de pouvoir. Dans ce cas, il y avait notre pouvoir en tant qu'organisation humanitaire disposant de ressources pour sauver des vies en Haïti, en l'occurrence le pouvoir de nos employé·es, pour la plupart des personnes occidentales privilégiées. En face, il y avait les victimes, des femmes noires pauvres d'Haïti. Même si cela avait eu lieu dix ans avant mon entrée en fonction, Oxfam n'était pas moins responsable[5]. Se mentir n'aurait servi à rien.

Certains des grands membres du réseau Oxfam craignaient que cela n'ait un impact sur leur image de marque. Mais les féministes au sein de notre conseil d'administration ont dit non, nous devons demander pardon publiquement. C'était difficile, mais cela a aidé Oxfam à devenir une organisation résolument plus féministe.

Vous avez d'ailleurs évoqué à diverses reprises, l'une et l'autre, la nécessité d'instaurer une approche féministe du pouvoir au sein de cette ONG. À quoi ressemble-t-elle concrètement ?
WINNIE BYANYIMA Nous avons commencé par examiner qui détenait le pouvoir au sein d'Oxfam, pour le partager plus équitablement – c'est ça, le féminisme. Nous avons regardé vers les pays du Sud et demandé à des féministes indiennes de nous aider à mettre en œuvre des principes féministes dans notre gouvernance, nos programmes et nos campagnes. Et puis nous avons agi. Notre conseil d'administration est passé d'environ 30 % à plus de 60 % de femmes membres ! Nous avons intégré davantage d'organisations affiliées du Sud dans notre structure, afin de rééquilibrer le pouvoir en leur faveur. Nous avons forcé nos économistes et nos militant·es à regarder au-delà des inégalités économiques pour tenir compte d'autres disparités, comme celles liées au genre.

CÉCILE DUFLOT Comme le dit Winnie, pour que les femmes comptent, il faut les compter.

5. Oxfam International regroupe 20 organisations caritatives indépendantes pour lutter contre la pauvreté dans le monde. En 2018, le quotidien britannique *The Times* révèle que des collaborateurs de l'ONG, en mission à Haïti en 2010, ont eu des rapports tarifés avec des prostituées haïtiennes. Suivront d'autres révélations concernant des viols et des violences sexuelles commises par d'autres employés d'Oxfam au Soudan du Sud et au Liberia.

Le 25 novembre 2013, Winnie Byanyima, directrice exécutive d'Oxfam International à Varsovie (Pologne), à l'occasion de la COP19 pour le climat.
RAFAL GUZ/EPA/MAXPPP

« Ni les inégalités de genre ou de classe, ni la pauvreté, ni la crise climatique ne sont une fatalité. C'est le résultat de choix ou de non-choix politiques. Je veux que ce combat soit un jour victorieux. »

Cécile Duflot

6. Le National Resistance Movement (NRM) est issu de la lutte armée contre le président Milton Obote à partir de 1981. Il prend le pouvoir en 1986, et son fondateur, Yoweri Museveni, préside depuis le pays. (Lire l'encadré ci-dessous.)

Ça veut par exemple dire qu'on systématise une approche genrée : à Oxfam France, on a mis en lumière l'impact que le plan de relance proposé par la France fin 2020 aurait concrètement sur les conditions de vie des femmes. Dans notre organisation interne, le scandale d'Oxfam Grande-Bretagne en Haïti nous a amené·es à appliquer un principe de tolérance zéro envers toute remarque ou comportement sexistes. C'est reposant pour tout le monde, y compris pour les hommes. À un autre niveau, cette vision féministe devrait aussi avoir un impact sur les relations entre affilié·es du Sud et du Nord, mais on n'est pas encore au bout du chemin, pour parler poliment. C'est malgré tout un cadre global qui oblige à discuter des relations de pouvoir en général.

Vous vous êtes toutes deux éloignées de la vie politique institutionnelle pour travailler dans des ONG ou des institutions supranationales. Pourquoi ce choix ?
WINNIE BYANYIMA Le Mouvement de résistance national[6] a commencé [à la fin des années 1990] à perdre son âme, à être corrompu et à tricher aux élections. Quand j'ai manifesté mon opposition, j'ai été réduite au silence, plusieurs fois jetée en prison. Ça a fait peur aux autres politicien·nes et ça m'a empêchée de mobiliser au sein du mouvement. À un moment, j'ai compris que je devais trouver un autre espace de lutte. Je suis partie, mais avec beaucoup de peine au cœur, car j'aimais servir ma communauté. Comme je

UNE HISTOIRE OUGANDAISE
Le parcours de Winnie Byanyima est lié à l'histoire agitée de l'Ouganda, pays enclavé d'Afrique de l'Est et colonie britannique jusqu'en 1962. La situation politique post-indépendance y est très instable : en 1971, Idi Amin Dada met en place une dictature sanguinaire qui cause la mort ou la disparition de centaines de milliers d'Ougandais·es. Quand il est chassé du pouvoir huit ans plus tard, une guerre civile éclate : aux côtés de Yoweri Museveni, un temps son compagnon, Winnie Byanyima prend part à la rébellion au sein du National Resistance Movement (NRM). En 1986, le NRM parvient au pouvoir et Museveni devient président. Les idéaux marxistes du mouvement cèdent la place à des politiques libérales, qui font du pays le bon élève du FMI, avec divers signes de modernisation – diminution de la pauvreté, développement d'une classe moyenne, introduction de quotas de femmes au Parlement. Mais la Constitution ougandaise, adoptée en 1995, est progressivement réformée pour favoriser l'autoritarisme croissant de Museveni. En mai 2021, celui-ci entame, à l'âge de 76 ans, son sixième mandat consécutif.

faisais partie du mouvement des femmes, j'ai pu intégrer un programme de l'Union africaine, puis les Nations unies. Chaque fois, j'ai trouvé un poste où j'ai pu faire avancer mes valeurs féministes. Il est possible d'influencer des vies sans être élue, en mobilisant les communautés par exemple, en utilisant les ressources à disposition. Mes fonctions à Onusida sont très politiques, comme c'était déjà le cas à Oxfam. Si vous savez comment pousser vos idées, vous pouvez avoir beaucoup d'influence.

Et vous, Cécile Duflot, votre départ de la vie politique a-t-il quelque chose à voir avec le constat d'une crise démocratique ?
CÉCILE DUFLOT C'est un double mouvement. À titre personnel, j'avais énormément encaissé pendant quinze ans et j'avais très peur de devenir aigrie. Ensuite, il fallait faire mûrir la société sur les questions écologiques. Même avec la transformation d'EELV [en 2010, le parti Les Verts devient Europe Écologie Les Verts], le parti écolo restait un peu cantonné. Mais cela ne veut pas dire que je ne crois plus en la politique. Pendant mes deux ans au ministère du Logement, j'ai bien vu qu'on pouvait agir, avec de l'énergie et des compromis. Simplement j'ai eu envie de trouver une autre façon de faire. À Oxfam France, notre travail est de lier les questions écologiques et sociales afin d'ouvrir un horizon de justice crédible. C'est ce qui a fonctionné avec l'Affaire du siècle[7]. Notre avantage, c'est que nous pouvons travailler sur la durée, sans échéance électorale ni dimension partisane et donc créer des coalitions les plus larges possibles. Ni les inégalités de genre ou de classe, ni la pauvreté, ni la crise climatique ne sont une fatalité. Je sais que c'est le résultat de choix ou de non-choix politiques. Je veux que ce combat soit un jour victorieux.

Winnie Byanyima, pour Oxfam International, vous êtes intervenue régulièrement au forum de Davos. Aller interpeller les élites économiques sur leur lieu de pouvoir, est-ce un moyen d'instaurer un rapport de force ?
WINNIE BYANYIMA Le forum de Davos est un espace où se réunissent les dirigeant·es des grandes entreprises du monde entier et des pays riches. Entre eux, ils pratiquent un lobbying mutuel, établissent l'agenda économique de

l'année à venir et ignorent les 99 % qui ne sont pas là. Je n'y suis jamais allée pour négocier mais pour leur dire ma vérité. J'ai eu cette opportunité parce que je dirigeais Oxfam International et qu'il nous semblait très important de confronter les participant·es à ce qui se passe vraiment pour la majorité des gens ordinaires. C'est puissant, ça les ébranle. Je ne peux pas dire qu'ils ont changé, mais l'agenda a changé.

Quand nous avons publié notre premier rapport sur les inégalités en 2014, ils nous ont d'abord ignoré·es poliment. Mais ils ont fini par inscrire les inégalités à l'ordre du jour et maintenant, ils les mentionnent dans le rapport annuel sur les risques mondiaux qu'ils publient à l'issue de chaque forum. C'est un prérequis : d'abord, vous forcez les gens à voir le problème et, ensuite, vous les poussez à mettre en œuvre des solutions.

Passons à une dimension plus intime : vous assumez toutes les deux votre foi catholique…
WINNIE BYANYIMA Ah, mais j'ai encore plus en commun avec Cécile que je ne le pensais !

Est-ce que cette foi, dans un contexte de prises de position réactionnaires de l'institution catholique, n'entre pas en conflit avec votre engagement féministe ?
CÉCILE DUFLOT Pour moi, pas du tout. Par exemple, j'ai énormément soutenu la théologienne Anne Soupa lorsqu'elle a candidaté à

Le 27 janvier 2013, Cécile Duflot manifeste pour le Mariage pour tous aux côtés de la députée européenne EELV Eva Joly et du premier secrétaire du Parti socialiste Harlem Désir.
PHOTOPQR/LE COURRIER DE L'OUEST/JOSSELIN CLAIR

7. L'Affaire du siècle est une campagne initiée par quatre associations (dont Oxfam France) en décembre 2018 visant à poursuivre en justice l'État français pour inaction contre le réchauffement climatique. En février 2021, le tribunal administratif de Paris reconnaît la faute de l'État.

« Les mouvements collectifs me donnent de l'espoir, car rien ne peut avancer sans des gens qui se lèvent. »

Winnie Byanyima

l'archevêché de Lyon en mai 2020. Des amies féministes m'ont dit : « *L'Église catholique est sexiste, ignorons-la* », mais je ne suis pas d'accord. Quand une institution a une telle influence psychologique sur une société, ce qui s'y passe n'est pas anodin. Et je soutiens les femmes qui veulent accéder aux mêmes responsabilités que les hommes, où qu'elles se trouvent. Me soucier du plus faible et ne pas jeter la pierre sur la prostituée, c'est ça que j'ai appris avec les Évangiles et c'est absolument cohérent avec la défense des personnes LGBTQI+. Je n'ai aucun problème à articuler les enseignements de la Bible, l'éducation que j'ai reçue et les combats que je mène. J'ai bien conscience que c'est très gênant pour certain·es mais je suis mère de famille nombreuse, j'ai eu plusieurs maris et je suis catholique. J'ai reçu des courriers me demandant d'arrêter de le revendiquer. Au moment des débats sur le Mariage pour tous, l'aumônier de l'Assemblée nationale m'a même invitée à déjeuner : il était embarrassé de voir une ministre catholique manifester en faveur de cette loi ! Je crois qu'il aurait préféré que je me taise. Moi, je suis contente que ça dérange. Il n'y a pas sur Terre d'envoyé direct de Dieu qui peut déterminer qui a raison entre moi et je ne sais quel prêtre intégriste. C'est qui le vrai catholique ? Allez, on débat, je n'ai pas peur. D'autant qu'aujourd'hui le pape François a quand même embrassé beaucoup de combats qui étaient les miens, c'est assez cocasse.

WINNIE BYANYIMA J'ai moi aussi été élevée dans la religion catholique. Je tiens à ma foi, parce qu'elle est à la racine de mes valeurs politiques. Elle a confirmé ce que mes parents me transmettaient : l'essentiel est de prendre soin des autres, de sa communauté. Plus tard, à l'école, les religieuses m'ont appris qu'il fallait partager et vivre simplement. Tout ça m'a fait prendre conscience des inégalités. Mais je n'accepte pas tout ce qui est enseigné au sein de l'Église. Je ne suis pas d'accord avec la discrimination que les femmes y subissent, ni avec la haine que prêchent certain·es au nom d'une religion. Je pense notamment que l'Église doit rattraper son retard sur les questions LGBTQI+ et accepter que certaines personnes sont nées comme elles sont. Le pape va dans ce sens, mais j'aimerais que cela aille plus vite. On peut se battre contre ça, la foi reste.

Votre travail au sein d'Onusida vous vaut-il d'être vue comme une hérétique ?
WINNIE BYANYIMA Non, mais je suis fréquemment attaquée sur Twitter par des communautés particulièrement conservatrices, surtout dans mon pays. En Ouganda, être gay fait de vous un·e criminel·le. Malgré l'existence de traitements permettant à des personnes séropositives de vivre longtemps, elles continuent de mourir à cause des préjugés et de la haine. Devoir cacher celle ou celui qu'on aime, avoir peur d'aller se faire soigner, c'est horrible. Donc, face aux attaques, je riposte, j'entame la conversation. Je suis heureuse de combattre ces injustices, et je me fiche de ce qu'on en dit.

On vous sent portées, l'une et l'autre, par cet optimisme qui donne l'énergie de lutter. Quelle utopie féministe espérez-vous voir advenir dans le futur ?
CÉCILE DUFLOT Moi, je crois qu'il peut y avoir une gouvernance féministe du monde. Nous avons soufflé pendant un siècle et demi sur les feux du virilisme, en épuisant les ressources naturelles et en accroissant les inégalités. L'exemple absolu, c'est la conquête de l'espace que se disputaient les grands pays et qui est maintenant devenue un concours de bites entre milliardaires. Ça nous emmène dans le mur, collectivement. L'alternative, c'est évidemment de laisser les fossiles dans le sol, etc. Mais si nous voulons que cela advienne, nous devrons coopérer et, pour cela, une gouvernance féministe me semble un prérequis. Nous devons prendre conscience qu'un système de domination conduit à sa propre perte, car le dominant est incapable de se fixer des limites. De façon plus anecdotique, j'espère que je pourrai un jour raconter ce qu'était notre vie de femmes et que cela semblera aussi lunaire que se rappeler aujourd'hui que nos arrière-grands-mères n'avaient pas le droit de porter de pantalons.

WINNIE BYANYIMA Les mouvements collectifs me donnent de l'espoir, car rien ne peut avancer sans des gens qui se lèvent. #MeToo a commencé dans l'industrie hollywoodienne puis a fait tomber des hommes puissants et a secoué bien des secteurs d'un continent à l'autre. De plus en plus, je constate une évolution dans les institutions, où nous avons tous·tes dû changer les règles afin de pouvoir éradiquer la violence sexuelle. Je veux que cela continue. Ensuite, la situation des femmes en politique progresse aussi : en Allemagne, le gouvernement est paritaire pour la première fois ; en Finlande, une jeune femme est devenue Première ministre et s'est entourée d'autres femmes. Le monde est en train de changer sous mes yeux, et j'ai bon espoir que le futur soit féministe. ●

Entretien réalisé le 10 février 2022 par Alix Bayle, journaliste indépendante, et Emmanuelle Josse, corédactrice en chef de *La Déferlante*.
Les propos de Winnie Byanyima ont été traduits de l'anglais par Marguerite Capelle.

DE LA COMPLICITÉ À L'AMITIÉ
C'est Cécile Duflot qui a suggéré d'inviter Winnie Byanyima pour une rencontre dans les pages de *La Déferlante* : « Elle a un parcours dingue ! » Le jour de l'entretien, elles sont arrivées en même temps, décontractées et enjouées comme le sont les bonnes copines : elles avaient profité du passage à Paris de Winnie Byanyima, qui travaille à Genève, pour déjeuner ensemble. Malgré toutes leurs différences – leurs lieux et milieux d'origine, leur jeunesse, leur âge –, leur complicité, nourrie de plusieurs années de collaboration au sein du réseau Oxfam, saute aux yeux. Avec amusement, Winnie Byanyima se souvient de la première intervention – plutôt retentissante – de Cécile Duflot au sein du conseil d'administration de l'ONG : « Elle a dit : *"Pourquoi est-ce que je devrais parler en anglais ? Je pensais que nous étions une organisation mondiale." Nous avons changé les règles, nous avons fait venir des interprètes, et elle a pu parler en français.* » Mais quand il s'agit d'évoquer les liens de confiance noués dans le contexte du procès Baupin, les gorges se nouent, l'émotion surgit : ce qui se joue entre ces deux-là, c'est aussi un féminisme en acte.

TAL MADESTA

Lettre au cyclone qui m'a guéri

Avant sa transition, Tal Madesta aimait mal, que ce soit les hommes ou les autres. Bouleversante lettre à celle qui partage sa vie, cette deuxième chronique est aussi une ode aux amours trans. Celles qui offrent un espace de dialogue et de compréhension sur la manière dont la transition change le rapport au monde et à soi.

Avant de te connaître, j'avais un goût de cendre plein la bouche et le ventre en vrac, une acidité au fond de la gorge qui me ramenait constamment à mon corps, un chatouillement inconfortable qui crispait mes muscles. Je ne sais plus trop, j'ai un peu oublié depuis, le temps s'étire étrangement depuis toi.

Le soir de notre rencontre, j'ai été frappé par la vitesse avec laquelle tu rebattais les cartes, fermais des clapets, occupais l'espace. On ne voyait que toi et ton œil étonnamment doux pour un cyclone. Je me souviens que tu devinais la charte astrale de tout le monde, ça faisait autant froncer les sourcils des amateur·ices d'astrologie que des sceptiques. *Il y a beaucoup de bêtes à cornes dans ton ciel*, tu me lances presque avant même de me dire bonjour. La foule s'agite autour de la grande table en bois dans un brouhaha nuageux, mais ça ne me casse pas les oreilles car je n'entends que toi.

On se revoit vite et on se revoit beaucoup, aspiré·es l'un vers l'autre sans aucun effort, aucun jeu, aucune tentative de souffler le chaud et le froid. Nous nous sommes saisi·es l'un de l'autre immédiatement et il n'y a eu ni manières ni faux-semblants. J'enroule tes cheveux bouclés autour de mon doigt comme s'il s'agissait des miens, tu joues avec la chaîne de mon cou comme une extension de tes mains, mais pourtant nous ne formons pas qu'un·e. Nous nous sommes simplement reconnu·es.

TU ES ARRIVÉE AU MOMENT OÙ J'AI ACCEPTÉ D'ÊTRE VU
Ça signifie *quelque chose* que tu aies atterri à ce moment précis sur mon fil de funambule. Déjà assez avancé dans ma transition pour demeurer solide sur mes appuis, mais encore assez vulnérable pour être avide d'un amour qui comprend. Je crois que c'est parce que ta corde est faite du même nylon que la mienne, inusable et friable en même temps. Ce qui ne nous a pas tué·es ne nous a pas rendu·es plus fort·es pour autant. Au contraire : on suffoque, on panique, on prend les pics de cortisol comme des tsunamis dans la gueule, on tremble beaucoup, on se méfie, on doute perpétuellement de nous et des autres. Calibré·es sur les mêmes rafales, on se comprend sans se parler.

En deux temps trois mouvements, tu as brisé ma malédiction, celle de mentir par omission et de me cacher, de ne pas faire confiance, de dire ce que je pense qu'on attend de moi, d'être modelé au gré des autres, de prendre mes jambes à mon cou dès que j'en ai l'occasion. Tu es arrivée au moment où j'ai accepté d'être vu. Et je n'ai plus besoin de jouer depuis que je sais qui je suis. Voilà une partie de la promesse que l'on s'est faite : on avance dans la vie avec la même vipère au poing, celle d'être trans. L'hydre aux mille visages qui force tout à la fois une combativité en acier trempé, une joie au-delà des épreuves, un sarcasme ravageur, une résilience éblouissante, mais aussi une marée de tristesse dans l'œil.

C'EST EN DEVENANT UN HOMME QUE J'AI COMPRIS L'AMOUR

J'aimais très mal lorsque j'étais une femme avec des hommes, pleine de l'aigreur du renoncement. J'aimais mieux lorsque, femme toujours, je n'ai presque plus été intime qu'avec mes semblables, mais ça ne suffisait pas, de mettre des pansements sur une hémorragie. Quand j'ai su que mon problème résidait moins dans le fait de détester les hommes que de vouloir en devenir un, tout s'est effondré dans ma vie. Plus rien n'avait la moindre consistance, persuadé que j'étais en train de trahir ma classe autant que moi-même. Une bête à vif et léthargique noyée dans la terreur, voilà ce qui rampait sur le sol. Forcément, on ne pouvait alors pas faire autrement que de très mal m'aimer en retour. Sommé de dire ceci, forcé d'être cela, de me décider plus vite, on me reprochait mon inconstance, ma difficulté à voir entre les volutes du brouillard, on regardait avec un œil agacé la désertion de mon propre corps. Mais au fil des mois, les pièces de cet édifice branlant sont devenues si étroites et le plafond si bas que j'ai fini par faire exploser ma maison de poupées. Je ne pouvais plus ignorer le feu qui embrasait la forêt. J'ai décidé que *homme* serait ma voie.

Ainsi, c'est en devenant ce nouveau reflet dans le miroir que j'ai pu m'engager, c'est en devenant un homme que j'ai compris l'amour. Je ne pouvais que fuir les autres en continuant de me fuir moi-même. À présent, je sais le *comment*, mais toujours pas le *pourquoi*. Je me disais pourtant, plus tendre avec moi-même mais pas plus avancé, *Les hommes, ce sont ceux qui nous font du mal*.

C'est toi qui m'as fait comprendre le *pourquoi*, à force de brillance, d'espièglerie et de délicatesse. Entre la dysphorie et le goût de plastique brûlé que laissait sur ma langue le fait d'être femme, je voulais secrètement devenir un homme pour faire mieux qu'eux. Être mon propre exemple de bonté, de loyauté, de rigueur et de générosité, puisque aucun homme n'avait voulu me montrer qu'il en était capable. Nulle autre qu'une personne trans n'aurait pu me donner cette clé de coffre-fort. Nulle autre que toi-même. Il faut avoir traversé cette frontière soi-même pour comprendre ce qui se joue à l'orée de ce secret : un vertige immense, un précipice joyeux, une réconciliation avec le passé, une route vers soi. ●

Tal Madesta est journaliste indépendant. Il a milité au sein du mouvement des collages contre les violences sexistes. Il participe à *XY Media*, média audiovisuel transféministe. Il est l'auteur d'un essai, *Désirer à tout prix* (Binge Audio Éditions, 2022). Cette chronique est la deuxième d'une série de quatre.

REPORTAGE

ROCK ROCK POWER !

TEXTE **Audrey Guiller**
PHOTOS **Louise Quignon** pour *La Déferlante*.
(Lire leurs bios page 144.)

Chaque année, des stages de formation accélérée au rock à destination d'adolescentes sont organisés partout dans le monde. En février, un premier « Girls Rock Camp » s'est tenu à Rennes. En une semaine, sept jeunes filles ont appris les rudiments de la guitare électrique, de la batterie et de la basse et se sont produites sur scène.

Toutes les photos ont été prises au Jardin Moderne à Rennes, vendredi 11 février.

Anaëlle (au premier plan) et Ibtissam, le jour du concert, vendredi 11 février, à l'occasion du premier Girls Rock Camp organisé à Rennes.

REPORTAGE

Branchez les guitares! Lundi, 10 heures. Ce jour-là, Anaëlle bataille avec la sangle pour enfiler son instrument. Ibtissam martèle la pédale de sa batterie et ouvre grand les yeux, surprise par le vacarme. C'est la première fois de leur vie que les deux adolescentes touchent ces instruments, comme Jeanne, Sofia, Bianca, Tess et Pome, les cinq autres Rennaises âgées de 13 à 17 ans qui se sont inscrites au premier Girls Rock Camp proposé par le Jardin Moderne, une salle de concert et de répétition[1]. Vendredi, à 16 heures, elles monteront toutes sur scène pour jouer devant un public. C'est le défi que relèvent les Girls Rock Camps. Le premier a été créé en 2001 par des étudiantes en études sur le genre de l'université de Portland (États-Unis). Le mouvement, dans l'esprit DIY [Do it Yourself], s'est depuis répandu dans 80 villes du monde. La moitié aux États-Unis, l'autre moitié partout ailleurs, de Maputo à Sydney en passant par Dubaï. Chaque camp est indépendant et choisit sa fréquence, au moins annuelle.

« Ces stages permettent à des adolescentes qui n'ont, pour la plupart, jamais fait de musique d'apprendre des notions de guitare, basse, batterie et chant, de former des groupes et prendre plaisir à jouer. Ils leur rappellent qu'elles aussi ont leur place dans le rock », résume Amandine Aubry, médiatrice au Jardin Moderne. Parmi les 900 musicien·nes qui répètent dans leurs murs, 12 % sont des femmes. Depuis 2006, les études portant sur les musiques actuelles en France[2] aboutissent au même constat: 15 % de femmes seulement se produisent sur scène et fréquentent les studios de répétition. *« On pourrait imaginer ce secteur épargné par le patriarcat*, note Célia Berthet, doctorante en sociologie politique à Rennes, autrice d'une thèse sur la question du genre dans les pratiques non professionnelles des musiques actuelles. *Pourtant, depuis cinquante ans, toutes les pratiques culturelles en amateur se féminisent, sauf la musique[3]. »* Les inscriptions au Girls Rock Camp se sont surtout faites via les Maisons des jeunes et de la culture, pour contourner un autre biais de la pratique instrumentale: elle est la plupart du temps réservée aux milieux favorisés.

LE ROCK, « C'EST L'IMAGE VIRILE DU MEC À CRÊTE »

Réparties dans les studios, les ados enchaînent rythmes et accords. Les rockeuses sont entourées de cinq intervenantes rennaises. Pauline Benard est guitariste dans le groupe Ropoporose, Gwladys Anceau est bassiste, musicienne solo dans Cariegosse et animatrice répétition au Jardin Moderne. Léa Bulle est chanteuse professionnelle, comédienne et coach scénique. Emane est chanteuse professionnelle de gospel et de hip-hop. Quant à moi, j'anime les ateliers batterie en tant que batteuse amatrice. *« Les filles de mon âge ne pensent pas à monter des groupes parce qu'on n'a pas d'exemple »*, réfléchit Sofia (15 ans), participante. *« Quand j'ai vu que les intervenantes du camp étaient des femmes, je me suis dit: pourquoi pas moi? »*, renchérit Jeanne, qui découvre la basse. Marie Buscatto, professeure de sociologie à Paris 1 Panthéon-Sorbonne et autrice de *Femmes du jazz* (CNRS Éditions, 2018), confirme: *« La plupart des filles ne se projettent pas dans les musiques actuelles, très majoritairement pratiquées par des hommes. Et, symboliquement, les modèles sont masculins. »* Le rock, *« c'est l'image virile du mec à crête, à la voix intimidante »*, estime Tess, participante.

---

1. Ce projet a été mené en coopération avec la MJC Antipode et il a été financé par Rennes Métropole, le ministère de la Culture et la Drac Bretagne.

2. Voir l'« Observatoire 2021 de l'égalité entre les femmes et les hommes dans la culture et la communication », et « Les Chiffres et indicateurs clés » 2021 de la Fedelima (Fédération des lieux de musiques actuelles), consultables en ligne.

3. « Cinquante ans de pratiques culturelles en France », enquête de Philippe Lombardo et Loup Wolff, ministère de la Culture, 2020.

LOUISE QUIGNON

Ci-contre :
Les participantes du Girls Rock Camp s'encouragent avant le concert. Ici, Sofia et Ibtissam.

4. Catherine Monnot, de *De la harpe au trombone. Apprentissage instrumental et construction du genre*, Presses universitaires de Rennes, 2012.

Page de gauche :
De gauche à droite : Léa Bulle, intervenante, Sofia, Bianca et Pome. À la batterie, Ibtissam. Les quatre ados forment le groupe Main Towanda.

Ci-dessous : Anaëlle apprend à brancher sa guitare. C'est la première fois qu'elle en joue.

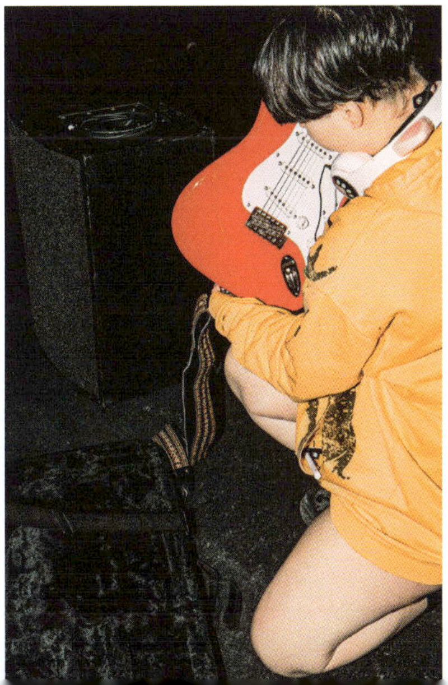

Comme l'a montré la musicologue et sociologue Hyacinthe Ravet dans *Musiciennes, enquête sur les femmes et la musique* (Autrement, 2011), les instruments ont encore un genre. La société dirige massivement les filles vers des instruments qui ne doivent pas mettre le corps en avant, ni exiger de force physique ou de souffle, ni faire transpirer. Pas de trompette ni de batterie donc. La pratique musicale favorise même l'intériorisation des normes de genre pour les jeunes filles : douceur, harmonie et sédentarité, explique de son côté la chercheuse en anthropologie, Catherine Monnot[4]. Elles s'orientent donc volontiers vers le piano ou la flûte, suffisamment polyphoniques pour convenir à une pratique individuelle et domestique.

Mardi, à l'heure où toute ado en vacances dort encore, les sept rockeuses arrivent en grappe sur leur lieu de répétition. *« Les filles sont aussi nombreuses que les garçons à apprendre la musique dans l'enfance. Mais à l'adolescence, elles décrochent »*, explique Célia Berthet. C'est une période clé dans la construction identitaire : *« Pour se projeter dans leur vie future, les ados imitent les adultes qui les entourent. Ils et elles se replient sur leur genre et choisissent les mêmes centres d'intérêt que leurs pair·es. Les filles se valorisent via l'école, les garçons dans les loisirs. »* D'autres raisons expliquent ce décrochage : notamment la faible autonomie de déplacement des jeunes filles dans l'espace public – un frein encore plus puissant pour celles qui sont en situation de handicap – et leur difficulté à trouver leur place dans des lieux culturels marqués par un entre-soi masculin. *« Les politiques publiques en direction de la jeunesse et les lieux ainsi créés ont été pensés pour les jeunes visibles dans l'espace public et qui dérangeaient : dans les faits, les garçons »*, rappelle Célia Berthet.

Au déjeuner, impossible de ne pas remarquer que les participantes sont socialisées comme des filles. Aucune n'ose prendre une deuxième part de pizza. Les regards des ados montrent qu'elles ont compté mentalement qu'il n'y en aurait pas assez pour que toutes se resservent. Quand on annonce qu'on renvoie les restes en cuisine, les parts se volatilisent. Invitée à déjeuner avec le groupe pour échanger sur la place des femmes dans l'espace public, Fanny Dufour, fondatrice de la structure rennaise Nouvelles Oratrices, qui forme les femmes à la prise de parole en public, porte un discours qui résonne avec force : *« En tant que femmes, on est éduquées à faire attention aux autres, à attendre qu'on nous donne la parole ou qu'on nous choisisse. »*

Dans les locaux de répétition où deux groupes se sont maintenant constitués, ce stéréotype prend une autre dimension. Les apprenties musiciennes collaborent aisément, soutiennent leurs idées mutuelles, se mettent d'accord sans tensions. *« Cette cohésion m'a marquée, raconte Jeanne, elle est contraire à l'image d'une bande de filles qui se jugent. On était là pour apprendre, kiffer, s'écouter, s'aider. J'ai pris confiance en moi, mais aussi en les autres filles, en la force du groupe. »*

ASSIGNÉES AU RÔLE DE GROUPIES, TOLÉRÉES COMME CHANTEUSES

Emane, la coach vocale, a réuni les rockeuses pour un échauffement. En cercle, elles chantent, bougent, tapent des mains. Le camp est non mixte. *« Je n'avais jamais fait intervenir autant de femmes, une quinzaine, sur un même projet »*, remarque la coorganisatrice du stage, Amandine Aubry. Selon elle, l'équipe a réussi à créer un espace où les filles se sont senties suffisamment en sécurité et respectées pour apprendre et oser. *« Si la semaine avait été mixte, l'état d'esprit aurait été compétition et performance »*, avance Jeanne. *« Les filles auraient laissé les responsabilités aux garçons »*, lui répond Ibtissam, apprentie batteuse. Tess, de son côté, pense que *« certaines filles auraient fait attention à leur image pour plaire »*. Bianca,

REPORTAGE

quant à elle, sait qu'elle ne se serait pas autant lâchée : *« Je n'aurais pas écrit des textes si sincères, sur la façon dont des filles sont broyées par des mensonges et des trahisons sur les réseaux sociaux. Les garçons ne prennent pas les filles au sérieux, ils les trouvent trop sensibles et émotives. »*

Quand les femmes arrivent à s'affranchir des stéréotypes de genre qui contribuent à les exclure des musiques actuelles, elles doivent ensuite évoluer dans un monde organisé par les hommes, où ils se cooptent entre eux. *« Jouer d'un instrument perçu comme masculin, c'est transgresser un ordre genré. Plutôt assignées à la place de groupies, les femmes sont tolérées comme chanteuses, si elles répondent aux critères des garçons. Trop masculin, leur comportement déplaît. Trop féminin, il présume une incompétence ou une sexualisation »*, explique la sociologue Marie Buscatto. Jouer entre filles serait le salut ? *« C'est un levier et aussi un enfermement, poursuit-elle. C'est ce qui s'est passé pour certaines femmes dans le cinéma, dans les années 1970. On a étiqueté leurs œuvres comme "féminines" ou "féministes", leur refusant le statut d'artiste à part entière. »*

Trop de processus sociaux entrent en jeu pour que les musiciennes puissent bousculer seules le milieu : *« La féminisation des pratiques musicales vient d'actions militantes et surtout d'institutions culturelles »*, estime encore la chercheuse. Le Jardin Moderne travaille depuis 2020 sur des leviers pour aller vers plus d'égalité : *« Lorsqu'on milite pour les droits culturels des personnes, on se doit d'analyser si, dans la réalité, nos lieux sont vraiment ouverts à tout le monde,* relève Juliette Josselin, codirectrice de la structure. *On doit s'engager et avoir des ambitions fortes, sinon les choses ne changeront jamais. »* Des études nationales montrent que les femmes s'inscrivent davantage dans des pratiques encadrées, comme les orchestres, chorales et batucada, que dans des pratiques autonomes[5] : *« accompagner la mise en groupes des filles est donc important »*.

La culture rock underground s'est fondée sur la notion de groupes, où les musiciens apprennent au contact de leurs pairs. *« C'est pour cela que la pratique en amateur des filles reste un enjeu fort,* souligne la sociologue Célia Berthet. *C'est un passage obligé pour qu'elles se professionnalisent. »*

AUTOCRITIQUE ET INSATISFACTION PERMANENTES

Jeudi. Les filles voient à peine la lumière du jour. Du son plein les oreilles, elles composent, se concentrent, répètent. À la batterie, Ibtissam mémorise des rythmes différents car elle jouera deux morceaux. La coordination entre pieds et mains lui demande beaucoup d'efforts. Elle s'entraîne à jouer sans ralentir car tout le groupe se cale sur elle. Les guitaristes doivent à la fois placer leurs doigts au bon endroit pour sortir des accords, écouter les autres pour partir au bon moment, rester dans le tempo. L'une flanche : *« C'est trop dur, j'y arriverai jamais. »* Gwladys Anceau, intervenante basse, l'encourage : *« Rappelle-moi quand tu as commencé la guitare ? Tu te rends compte de tes progrès ? »* Au Girls Rock Camp, l'estime de soi n'est pas un concept abstrait. S'exprimer via une batterie ou une guitare amplifiée renforce. Travailler ses messages et ses émotions par le chant valorise. Le programme compte aussi des ateliers yoga, graphisme (pour réaliser les flyers du concert) et coaching corporel pour explorer différentes

5. Lire « Les pratiques collectives en amateur dans les musiques populaires », Fedelima, 2020.

Ci-dessus : Répétition générale avant le concert. Ici, Tess (au micro) et Jeanne, à droite.

Ci-contre : Pome, 13 ans : *« J'ai appris tant de choses si vite que je suis encore sous le choc. »*

façons de se sentir fière de soi. « *J'ai appris tant de choses si vite que je suis encore sous le choc*, sourit Pome. *Je croyais que je n'avais aucun talent.* » Les jeunes filles sont encore pétries du cliché *« aux filles, le travail ; aux garçons, le talent »* : « *Cela rend leur rapport à la création et à l'improvisation difficile*, observe Célia Berthet. *Comparées aux garçons, elles sont dans une autocritique et une insatisfaction d'elles permanentes.* »

Apprendre un instrument et jouer en public si rapidement démystifie la pratique de la musique. S'inspirant du punk et du grunge, le camp montre aux rockeuses qu'elles n'ont pas besoin d'être parfaites pour jouer. La veille du concert, Léa Bulle, une des musiciennes coachs, le rappelle : « *On doit faire attention à nos propres exigences, lâcher le devoir de performance. L'essentiel, c'est que les filles trouvent leur place pour s'exprimer.* » Sofia, qui avait gardé un mauvais souvenir d'une lointaine année de violon, dit avoir redécouvert la musique : « *Avant, ça me semblait très scolaire. Là, j'ai vu que ça pouvait être de l'amusement aussi.* »

« ET SI ON DÉPENDAIT QUE DE NOUS... »

Vendredi. À quelques heures du concert, l'excitation monte. Lors du coaching scénique, Léa Bulle soutient les élans timides des rockeuses : « *Oui Tess, mets les mains dans les poches de ta veste, c'est bien ! Oui Bianca, accentue ce geste des bras, tu partages ton énergie.* »

Au déjeuner, certaines stressent « *à cause des gens qui vont regarder* ». Les vêtements et l'apparence occupent les esprits et les discussions. Les filles se demandent si elles vont plaire. « *On a le droit de jouer sans se maquiller, ni s'habiller de façon spéciale* », rappelle Pauline Benard, l'intervenante guitare. Ibtissam se lève et propose : « *Et si on n'attendait rien du public, si on dépendait que de nous ? On décide que dès qu'on monte sur scène, on s'éclate.* »

La salle est plongée dans le noir. Les projecteurs s'apprêtent à braquer leurs faisceaux colorés sur Tess, Bianca, Sofia, Anaëlle, Pome, Jeanne et Ibtissam. Respirations longues. Cris de ralliement. En scène ! Trois morceaux plus tard, des applaudissements, des cris, des larmes aux yeux dans le public, les rockeuses laissent exploser leur émotion : « *J'ai lâché tout ce que j'avais à l'intérieur, j'étais libre* », dit l'une d'elle. Sur scène, « *Tu te sens exister, alors que dans le reste de la vie tu es banale*, s'enthousiasme Bianca. *C'est incroyable d'avoir créé des morceaux, d'avoir l'opportunité de dire et faire ce qu'on veut sans qu'on nous juge ou qu'on nous coupe.* »

Dans la charte du tout premier Girls Rock Camp, celui de Portland en 2001, les organisatrices affirmaient « *reconnaître le pouvoir qu'a la musique de changer les personnes et la société* ». Dans le public présent au Jardin Moderne, personne n'avait jamais vu de concert de groupes d'adolescentes. En 2006, on mesurait que 97 % des musiques que l'on écoute étaient composées par des hommes[6]. Quid du « male gaze » dans la musique ? Au même titre que le cinéma, la musique régit nos imaginaires. Le Jardin Moderne va continuer à accompagner les sept rockeuses de ce premier Girls Rock Camp qui le souhaitent « *pour répéter, prendre des cours, rencontrer d'autres musiciennes* », détaille Amandine Aubry. Sofia referme l'étui de sa guitare d'emprunt : « *J'avais pas du tout imaginé que je repartirais d'ici en ne pensant qu'à une chose : jouer encore et encore. Arrêter, c'est impossible maintenant.* » ●

Au centre :
Lors d'un atelier graphisme, les participantes du Girls Rock Camp ont appris à réaliser leurs propres flyers.

Ci-dessous :
Après le concert, dans les loges, les intervenantes du camp applaudissent les jeunes musiciennes.

6. Rapport ministériel de la mission ÉgalitéS de Reine Prat : « Pour l'égal accès des femmes et des hommes aux postes de responsabilité, aux lieux de décision, à la maîtrise de la communication », 2006.

MARTHE DOLPHIN

Sur le banc de touche

Le volley-ball a été la passion de Marthe. Et puis, avec l'adolescence, sont venues les considérations dégradantes sur son corps pubère. Une sexualisation constante qui a fini par lui gâcher le plaisir de jouer.

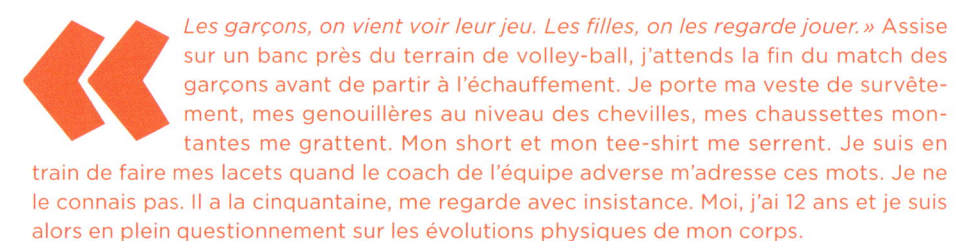

« *Les garçons, on vient voir leur jeu. Les filles, on les regarde jouer.* » Assise sur un banc près du terrain de volley-ball, j'attends la fin du match des garçons avant de partir à l'échauffement. Je porte ma veste de survêtement, mes genouillères au niveau des chevilles, mes chaussettes montantes me grattent. Mon short et mon tee-shirt me serrent. Je suis en train de faire mes lacets quand le coach de l'équipe adverse m'adresse ces mots. Je ne le connais pas. Il a la cinquantaine, me regarde avec insistance. Moi, j'ai 12 ans et je suis alors en plein questionnement sur les évolutions physiques de mon corps.

Depuis un an déjà, ma poitrine s'est développée, elle est même devenue imposante. En quelques mois, sur mon torse ont poussé de véritables montagnes dont le poids, au quotidien, est difficile à supporter. J'ai mal au dos. J'ai troqué à contrecœur mes maillots de corps favoris Petit Bateau pour des brassières et des soutiens-gorges aux armatures barbares. Je dois tellement tirer sur le tee-shirt de ma tenue de sport qu'il finit par être déformé au niveau de la poitrine.

À l'entraînement, le malaise s'installe. Les sauts et les plongeons me font mal. Tout comme le regard des autres. Dans le vestiaire avec mes coéquipières, j'ai honte de ma différence : elles, elles ont toujours leurs sous-vêtements d'« enfant », alors que moi je me cache dans les douches pour mettre ma brassière.

JOUER, SOUS LE FEU DES REGARDS, DEVIENT UNE ÉPREUVE

Quand j'entre sur le terrain, je scrute les spectateurs dans la salle et je me demande ce qui les intéresse vraiment. Est-ce que c'est ce sport qui leur plaît, ou le fait de voir des filles dans des tenues courtes et moulantes ?

Le volley, que j'ai commencé à 4 ans et qui a toujours été un moment de plaisir et de lâcher-prise, devient une épreuve. Mes performances s'en ressentent, je regarde davantage le public que la trajectoire du ballon. J'en arrive à m'autocensurer : même si j'en ai envie, je refuse de pratiquer le beach-volley parce que l'équipement m'effraie. Il est composé d'une simple brassière et d'un short si court qu'il ressemble à une culotte.

Je reste plus de dix ans dans mon club amateur basé dans une petite ville du Nord. Parfois je joue avec l'équipe masculine quand elle est en sous-effectif. Un jour, alors que je suis seule dans les vestiaires des filles, j'entends les garçons de l'équipe adverse qui traîne dans les couloirs, en meute, et qui me cherche : « *Marthe, t'es où ? T'es bonne ! T'as pas un numéro ?»* Isolée dans ce vestiaire gris et froid, je sais pas quoi faire, je panique, je souffle, je me rhabille. Vite.

Quatre ans plus tard, à 16 ans, je rejoins un club formateur où le niveau est plus élevé. Cette fois, la salle où je joue a une capacité de 2 900 places. Je pense aux visages inconnus. Des grandes lumières éclairent parfaitement le terrain, qui concentre tous les regards. Le trac monte.

L'ambiance dans les vestiaires est différente de celle de mon club précédent : on se douche ensemble, je n'ai pas d'intimité. Sans s'apercevoir de mon mal-être, mes coéquipières me surnomment parfois «gros lolos» ou encore «gros tétons».

LE JOUR DE MES 18 ANS, MON CORPS DIT STOP
Sur le terrain, pendant les entraînements, je développe des stratégies pour camoufler mes formes : deux brassières superposées pour maintenir et surtout aplatir ma poitrine, un tee-shirt ample qui descend jusque sous mes fesses. Malheureusement, pendant les matchs de compétition, je suis obligée d'endosser l'équipement officiel des sponsors, qui me serre davantage. Quand je joue, je sens les yeux rivés sur moi. Le regard des autres me donne mal au ventre. Peu à peu, ça me dégoûte du volley, jusqu'à ce que je perde totalement l'envie de jouer. Je suis à présent hantée quotidiennement par mes complexes. Surtout ne pas trop suer, ne pas devenir trop rouge après des efforts physiques intenses. Les moindres variations de mon poids, de ma musculature sont surveillées. J'étouffe. Pourtant, je reste docile et je continue à encaisser.

Il y a le maquillage qu'on vous encourage à porter pour les matchs, sous peine de réflexions du type *«Pour les photos, ça va pas être beau, on voit tes cernes, tu pourrais faire un effort…»*. Il y a les équipements fournis : tee-shirts moulants et mini-shorts. Et cette culotte qui me rentre dans les fesses, juste sous le logo du sponsor… Le jour de mes 18 ans, mon corps dit stop. Ce jour-là, je saute, je tombe et je perds connaissance. Ma tête heurte le sol à plusieurs reprises. Traumatisme crânien. J'arrête le volley.

Trois ans plus tard, je n'ai toujours pas repris le sport. J'ai dû faire le deuil d'une partie de moi-même. Le deuil de cette fille qui jouait au volley, qui avait envie, qui fonçait… Mais dès que j'y pense, la phrase glaçante de ce coach croisé à l'aube de mon adolescence résonne à nouveau dans ma tête : elle suffit à chasser la nostalgie du simple plaisir de jouer. ●

Marthe Dolphin, 21 ans, est étudiante à l'académie à l'École supérieure de journalisme de Lille. Cette chronique est la deuxième d'une série de quatre réalisées dans le cadre d'un atelier d'écriture sur le thème «genre et ville», au sein du Labo 148 de la Condition publique, à Roubaix.

COMMENT MIEUX DÉFINIR LES FÉMI

DÉBAT

Surgi récemment dans le débat public français, le concept de féminicide s'est cristallisé autour de la question des violences conjugales. La magistrate Gwenola Joly-Coz, l'historien Frédéric Chauvaud et la militante de #NousToutes Maëlle Noir reviennent sur la façon dont cet outil s'est imposé en France, et sur les débats concernant son acception.

ILLUSTRATIONS
**Lucile Gautier
pour** *La Déferlante*

Illustratrice et autrice de bande dessinée installée à Marseille. Son dernier album, *Goutte à goutte*, est paru aux éditions Même Pas Mal en 2019.

NICIDES ?

Frédéric Chauvaud est historien, spécialiste de la justice pénale et des violences faites aux femmes. Il a codirigé l'ouvrage *On tue une femme. Le féminicide : histoire et actualité* (Hermann, 2019). Avec sa consœur Lydie Bodiou et la photographe Arianna Sanesi, il a publié le beau livre *Les crimes passionnels n'existent pas* (Éditions d'une rive à l'autre, 2021).

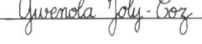

Gwenola Joly-Coz est première présidente de la cour d'appel de Poitiers depuis octobre 2020, l'une des rares femmes à ce poste. Cette magistrate exerce depuis trente ans et a été notamment présidente du tribunal judiciaire de Pontoise (Val-d'Oise) de 2016 à 2020. Membre fondatrice de l'association Femmes de Justice, en 2014, elle œuvre à la promotion de la mixité et de la parité au sein du ministère de la Justice.

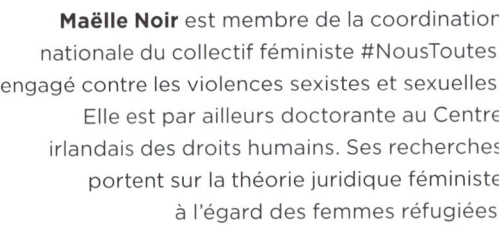

Maëlle Noir est membre de la coordination nationale du collectif féministe #NousToutes, engagé contre les violences sexistes et sexuelles. Elle est par ailleurs doctorante au Centre irlandais des droits humains. Ses recherches portent sur la théorie juridique féministe à l'égard des femmes réfugiées.

QUATRE COLLECTIFS QUI DÉCOMPTENT DES FÉMINICIDES

> Féminicides par compagnons ou ex recense bénévolement, depuis 2016, notamment sur Facebook, les articles de presse mentionnant le meurtre de femmes dans un cadre conjugal. **Feminicides.fr**

> Jasmine est un programme de Médecins du Monde pour lutter contre les violences faites aux travailleur·euses du sexe. Dans ce cadre, un premier recensement des victimes de féminicide a été publié sur la page Instagram @jasminemdm. **Projet-jasmine.org**

> #NousToutes recense, depuis janvier 2022, toutes les victimes de féminicides, que le contexte soit conjugal, lié aux crimes sexuels systémiques, aux violences lesbophobes, transmisogynes, etc. @NousToutesOrg sur Twitter et Instagram. **NousToutes.org**

> Le collectif belge Stop Féminicides liste les meurtres de femmes en Belgique depuis 2017 sur la base des articles de presse. **StopFeminicide.blogspot.com**

Vous couvrez trois domaines d'expertises différents mais complémentaires. Quelles sont vos définitions respectives du féminicide?

MAËLLE NOIR C'est un crime genré : le meurtre d'une femme en raison de son genre. L'autre élément clé, c'est le rôle du patriarcat. Ce système de pouvoir et de domination perpétue ce crime à travers la banalisation des violences sexistes et sexuelles. Le féminicide s'inscrit dans un continuum de violences. Il est le haut de la pyramide de ces violences. Cette définition que nous utilisons à #NousToutes s'appuie sur le travail des premières théorisations du concept par les chercheuses anglo-saxonnes Jill Radford et Diana Russel dans les années 1990[1].

GWENOLA JOLY-COZ Dans le vocabulaire juridique, il existe l'homicide, le parricide, l'infanticide, mais le féminicide n'est pas nommé dans le Code pénal. Néanmoins, en tant que magistrate, je dispose d'incriminations[2] suffisantes pour condamner un homme qui a tué une femme grâce à des outils du Code pénal qui s'appellent *« les atteintes volontaires à la vie d'autrui »*. Le meurtre est puni de trente ans de réclusion criminelle. Plusieurs circonstances aggravantes font encourir la perpétuité, notamment le meurtre par conjoint. Il existe depuis la loi du 27 janvier 2017 une circonstance aggravante pour tout crime ou délit accompagné de propos, écrits, images, portant atteinte à l'honneur ou à la considération de la victime en raison de son sexe.

FRÉDÉRIC CHAUVAUD Avec ma collègue Lydie Bodiou, nous avons retrouvé la trace du mot féminicide dès le XVIIe siècle, dans une pièce de Scarron[3]. Il est utilisé de manière discrète par des journalistes au XIXe et au XXe siècle, pas toujours avec le même sens. On le voit réapparaître de manière importante en 1976 à l'occasion du Tribunal international des crimes contre les femmes de Bruxelles, un rassemblement créé pour rendre visibles les violences faites aux femmes. Le mot désigne dès lors une forme de violence contre les femmes. Le débat s'est ensuite développé en Amérique latine, de manière plus précoce qu'en Europe.

De leur côté, les Nations unies ont défini des typologies de féminicides. Il y a le féminicide intime, qui se rapproche du féminicide conjugal dans l'acceptation actuelle en France, qui peut aussi être lié aux crimes d'honneur. Puis, le féminicide non intime, qui peut être systémique et sexuel. Par exemple des meurtres, souvent dans l'espace public, qui s'accompagnent de sévices sexuels. Cela a pu être documenté dans la ville de Ciudad Juárez[4], au Mexique, où des femmes ont été retrouvées mortes, massacrées, après avoir été violées et torturées. La notion de patriarcat est essentielle pour comprendre comment des hommes s'emparent de la vie de femmes.

Quel est le facteur déclencheur de cette percée tardive dans le débat public français?

GWENOLA JOLY-COZ Dans ma vie de juriste, la bascule s'opère en 2019. Pour la première fois, j'ai utilisé ce terme dans un discours, l'audience solennelle de présentation. Des magistrats de Pontoise m'ont alors interpellée : *« Madame la présidente, pourquoi utilisez-vous ce mot ? Ce n'est pas un mot de juriste. »* On me renvoyait l'idée que je n'étais pas impartiale parce que j'utilisais un mot qui relèverait du militantisme. Je me suis battue pour expliquer à mes collègues en quoi cette notion me semblait indispensable. La magistrature n'est pas déconnectée du reste du monde. Quand des journalistes parlent de « crimes passionnels », les magistrats sont poreux et cela impacte leur manière de juger ces affaires. La langue est un outil de banalisation. Depuis 2019, la magistrature s'acclimate petit à petit au mot féminicide. D'ailleurs, en février 2020, l'Assemblée nationale a adopté une résolution proposée par la députée du Val-d'Oise Fiona Lazaar [LREM] pour qu'il soit inclus dans le langage courant, ce qui permet de définir le caractère systémique des crimes de genre.

FRÉDÉRIC CHAUVAUD L'année 2019 a été une déflagration. Des journalistes se sont emparés de

1. Jill Radford et Diana Russel, *Femicide: The Politics of Women Killing*, Twayne Pub., 1992.

2. L'incrimination, cadrée par la loi, permet de définir une infraction et la peine qui va avec.

3. *Les trois Dorotées ou le Jodelet souffleté* est une comédie de Paul Scarron jouée pour la première fois en 1646 à Paris. *« Là vos yeux travaillant à faire femmicide »*, dit un personnage masculin, signifiant qu'il rêve de brutaliser une femme.

4. À Ciudad Juárez, à la frontière nord du Mexique, des milliers de femmes ont été tuées depuis 1993. C'est *« un lieu emblématique de la souffrance des femmes »*, écrit l'anthropologue argentino-brésilienne Rita Segato dans *L'écriture sur le corps des femmes assassinées de Ciudad Juárez. Territoire, souveraineté, et crimes de second État*, traduction d'Irma Velez (Payot, 2021).

5. Posté sur Twitter le 3 janvier 2022 : *« Vu le harcèlement et le dénigrement que nous subissons, certaines ont semble-t-il bien conservé les aspects toxiques de leur masculinité antérieure. »* Ce message s'ancre dans un contexte de discussions, entre internautes, sur la comptabilisation des meurtres de femmes trans dans un contexte conjugal.

ce terme. Avec ma consœur Lydie Bodiou, cela nous a surpris. Jusqu'alors, quand nous parlions de féminicides, par exemple avec des élus, pour leur signifier qu'il serait intéressant de faire quelque chose, on nous renvoyait toujours à l'idée que ce n'était pas important. On n'était pas très bien reçus. Progressivement, par acclimatation, les féminicides ont enfin été considérés comme un vrai sujet. À l'échelle historique, il y a des moments que l'on ne peut pas toujours expliquer, où des droits finissent par percer le mur du silence. Cela me fait penser au droit de vote des femmes, accepté en 1944, alors que, pendant des années, le Sénat s'y était opposé.

MAËLLE NOIR Dans les milieux militants, l'apparition du terme s'inscrit dans la quatrième vague du féminisme. Avec le mouvement global #MeToo, l'idée est de dénoncer et de nommer les violences. L'année 2019 est le résultat de tous ces efforts de démocratisation du terme féminicide, mais les milieux militants parlaient déjà de féminicides avant cette année-là. #MeToo a permis de faire voyager cette notion dans d'autres pays, jusqu'en France. Le décompte, indispensable, du collectif Féminicides par compagnons ou ex, dès 2016, a été un déclencheur. Cette visibilisation par les chiffres a été accompagnée par le travail des colleureuses dans l'espace public. La colère s'est affichée sur les murs. Personne ne pouvait y échapper.

L'ex-Femen Marguerite Stern a impulsé ce mouvement en mars 2019 avec un premier collage à Marseille, à la suite de l'assassinat de Julie Douib par son ex-compagnon : « Julie a été tuée par son ex le 03.03.2019. Elle avait déposé 5 plaintes. » Cela a succédé au lancement de la page « Féminicides par compagnons ou ex ». En janvier, #NousToutes a cessé de relayer ce recensement. Pourquoi ?

MAËLLE NOIR Le collectif Féminicides par compagnons ou ex a relayé des propos transphobes sur Twitter[5]. #NousToutes est un collectif de lutte contre les violences, et la transphobie en est une. Cela étant dit, il n'a jamais été question d'arrêter le décompte. Nous réfléchissons à une manière d'effectuer un décompte plus inclusif. Nous avons déjà mis en place un groupe de travail pour opérer cette veille médiatique de tous les types de féminicides. En parallèle, nous développons un décompte inter-organisations. En effet, le 5 janvier, à la parution de notre communiqué annonçant que nous arrêtions de relayer le décompte, un certain nombre d'organisations féministes nationales nous ont contactées pour collaborer dans l'élaboration d'un décompte plus inclusif. Nous allons réfléchir ensemble à des typologies plus spécifiques pour qualifier les différents féminicides. Par exemple, le 15 février, nous avons relevé un féminicide relevant du matricide, c'est-à-dire le meurtre d'une mère parce qu'elle est femme.

Gwenola Joly-Coz, vous êtes responsable d'une formation consacrée aux violences de genre à l'École nationale de la magistrature…

GWENOLA JOLY-COZ Dans le cadre de cette formation continue sur la lutte contre les violences faites aux femmes, je forme environ 200 collègues chaque année. Les décomptes me permettent de leur dire à quel point ce phénomène

est important. Officiellement, le ministère de la Justice ne décompte pas. Néanmoins, l'Intérieur s'en charge depuis quatorze ans avec l'étude annuelle « Morts violentes au sein du couple ».

MAËLLE NOIR Lors de nos discussions avec les pouvoirs publics, comme le 17 janvier avec la ministre Élisabeth Moreno, chargée de l'égalité entre les femmes et les hommes, on nous oppose souvent l'argument que l'Intérieur publie déjà des chiffres, comme les morts violentes au sein du couple. Mais ces enquêtes sont annuelles ou bi-annuelles. Cela n'a pas le même impact que des chiffres en temps réel. L'actualisation, jour après jour, c'est ce qui fait la force des décomptes. Les personnes victimes ne sont pas noyées dans une masse de chiffres. Au contraire, cela leur redonne une individualité. C'est ce qui montre l'aspect systématique de ces violences féminicidaires.

FRÉDÉRIC CHAUVAUD Il y a plusieurs manières visuelles de porter ces chiffres à la connaissance du public et permettre ainsi une prise de conscience durable dans l'opinion publique. En Italie, il y a eu l'installation de chaussures rouges, chaque paire symbolisant une victime. Au Canada, le féminicide des Peuples Premiers a été perpétré dans l'indifférence jusqu'à ce qu'une campagne de comptage, avec l'affichage des photos de disparues, ait un impact. Autre exemple, au Mexique, il y a des croix roses posées sur les tombes de femmes victimes dans la ville de Ciudad Juárez.

En France, la mobilisation visuelle des colleureuses s'avère très efficace. Il y a aussi eu le cortège des «mortes-vivantes» organisé dans les rues de Paris par les Femen en octobre 2019 avec 114 militantes, chacune symbolisant une femme tuée par un conjoint ou ex depuis le début de cette année-là. Pourquoi, en France, cette question des féminicides s'est-elle cristallisée autour de la relation conjugale?

MAËLLE NOIR Parce que les militantes et militants qui ont commencé à parler de féminicides viennent d'un militantisme assez universaliste. La seconde vague, des années 1970-1980, s'était attachée à l'idée de libération de la sphère domestique. Avec l'idée de mettre en lumière les violences sexistes et sexuelles perpétrées au sein du couple pour que cela soit considéré

> « C'est peut-être une forme de confort, pour les pouvoirs publics mais aussi pour les médias, de restreindre la lecture des féminicides au couple. Cela permet de gommer ce qui se passe ailleurs. »
> Maëlle Noir

comme des violences systémiques et responsabiliser l'État. Paradoxalement, cette restriction gomme la nature systémique des violences et des féminicides liés à d'autres systèmes de pouvoir que le patriarcat : le racisme, la transphobie, la lesbophobie et les autres LGBTQIA+phobies, mais aussi le validisme, l'islamophobie, etc. C'est peut-être une forme de confort, pour les pouvoirs publics mais aussi pour les médias, de restreindre la lecture des féminicides au couple. Cela permet de gommer ce qui se passe ailleurs parce que la déconstruction de ces violences systémiques est difficile à entreprendre.

FRÉDÉRIC CHAUVAUD Dans l'histoire, les combats se focalisent le plus souvent, de manière parfois arbitraire et discutable, sur les situations les plus majoritaires. Puis, quand un phénomène émerge sur le devant de la scène, on découvre alors toute une série de connexions plus profondes.

GWENOLA JOLY-COZ En tant que magistrats, nous nous occupons de tous les crimes. Tous. Je crois qu'on a du mal à imaginer à quel point les violences intrafamiliales sont un phénomène massif. À Poitiers, ma cour d'assises est remplie à 70 % d'affaires liées à des affaires sexuelles, des viols, des violences. Il n'y a pas que des féminicides. Mais il y en a quand même beaucoup. Les violences faites aux femmes sont un flux continu dans nos tribunaux.

Le crime de féminicide est inscrit aujourd'hui dans la loi de plusieurs pays, notamment en Amérique latine. Faut-il l'inscrire dans le Code pénal français ?

GWENOLA JOLY-COZ Le mot féminicide a une force sociale, morale et médiatique. C'est indispensable pour faire avancer les mentalités y compris au sein de mon institution. Mais, dans le Code pénal, je n'ai pas besoin de ce mot pour condamner un homme qui a tué une femme. Je dispose déjà de tous les textes de loi nécessaires. Nous sommes dans une telle inflation législative qu'il faut faire une pause. En revanche, je voudrais que les pratiques changent dans les tribunaux. Mes collègues ne sont pas assez formés sur les concepts. Derrière la notion de féminicide, il y a le continuum de la violence, la domination, le phénomène de l'emprise, le psychotrauma, l'oubli traumatique, etc. Certains collègues sont encore capables de se demander pourquoi une femme retire une plainte et retourne avec son compagnon. On ne peut rester aveugle à ce qui se passe autour de nous. Indépendant ne veut pas dire isolé. Impartial ne signifie pas indifférent. Je pense au témoignage d'Adèle Haenel, qui a dit qu'elle ne souhaitait pas porter plainte parce que le système judiciaire engendre des violences systémiques vis-à-vis des femmes[6]. Je l'ai écoutée trois ou quatre fois pour comprendre ce qui nous était reproché, à nous, magistrats. J'avais écrit une tribune[7] dans *Le Monde* pour répondre et dire pourquoi il faut venir dans les enceintes judiciaires.

MAËLLE NOIR Oui, il faut plus de formation. Plus de budget. Plus de politiques publiques d'ampleur. Par contre, je pense que l'entrée du mot féminicide dans la loi est un signal très fort aux personnes victimes. Ça leur dit qu'elles sont protégées par la loi. Mais aussi aux agresseurs, car cela dit qu'il n'y a plus d'impunité possible. En l'état, dans la

6. Entretien filmé d'Adèle Haenel pour *Mediapart* du 4 novembre 2019, dans lequel elle déclare notamment : « *La justice nous ignore, on ignore la justice.* » Elle a finalement décidé de porter plainte contre Christophe Ruggia pour agressions sexuelles après que le parquet de Paris s'est autosaisi de l'affaire.

7. « En matière d'agressions sexuelles, l'impartialité de la justice n'est pas de l'indifférence », tribune publiée par *Le Monde* le 25 novembre 2019, signée par un collectif de magistrat·es comprenant Gwenola Joly-Coz.

DÉBAT

loi, il n'y a pas de protection qui est nommée. Dans les faits, bien sûr, l'appareil juridique peut condamner les féminicides, mais pas en tant que tels. C'est important de nommer les violences et de donner une valeur juridique. Kimberlé Crenshaw[8] dit que tant qu'un problème n'est pas nommé, on ne peut pas le voir, c'est faire comme s'il n'existait pas, on ne peut donc pas le résoudre.

FRÉDÉRIC CHAUVAUD Tout à fait. Cela me semble essentiel de reconnaître un statut de victime d'un féminicide. Prenons l'exemple de l'inceste, qui n'a pas toujours été visible dans le Code pénal français. C'est à partir du moment où l'on met des mots sur un phénomène que l'on met sur pied des politiques publiques et des stratégies de sensibilisation. Je tiens à rappeler

[8]. Juriste et féministe américaine qui a notamment développé l'idée d'intersectionnalité.

9. Les pays qui ont ratifié ce traité, comme la France en 2014, sont obligés de se doter d'une législation réprimant les violences faites aux femmes.

10. Tribune de 3 000 magistrat·es et d'une centaine de greffiers et greffières publiée dans *Le Monde* le 23 novembre 2021 pour dénoncer la politique du chiffre : « Nous ne voulons plus d'une justice qui n'écoute pas et qui chronomètre tout ».

que la Convention d'Istanbul[9], adoptée en avril 2011 par le Comité des ministres du Conseil de l'Europe, est allée bien plus loin que ce que l'on peut retrouver dans les débats actuels, car il y était question de violences de genre.

Au-delà du genre, la notion d'impunité, comme vient de l'évoquer Maëlle Noir, revient souvent pour caractériser le féminicide. En France, l'étude sur les morts violentes au sein du couple de 2020 du ministère de l'Intérieur a établi qu'une femme victime sur cinq avait porté plainte. Gwenola Joly-Coz, comment vous positionnez-vous face à cette réalité en tant que magistrate ?

« C'est à partir du moment où l'on met des mots sur un phénomène que l'on met sur pied des politiques publiques et des stratégies de sensibilisation. »
Frédéric Chauvaud

GWENOLA JOLY-COZ J'ai du mal à comprendre comment on peut parler d'impunité dans la mesure où je suis, toute la journée, toute la semaine, toute l'année, mobilisée sur ces questions. Je ne vois nulle part l'impunité. Je vois, au contraire, des gardes à vue, des comparutions immédiates, des condamnations et des emprisonnements de plus en plus lourds. Je note aussi, en parlant avec les présidents de cours d'assises, que les jurés [personnes tirées au sort pour siéger aux assises] ont changé et sont beaucoup plus conscientisés qu'il y a trente ans.

MAËLLE NOIR C'est très intéressant de soulever cet aspect, car cela montre à quel point les citoyennes et citoyens sont plus conscientisés si le terme féminicide est employé lors des délibérations du jury. Cela prouve bien à quel point le travail mené par les associations féministes, mais aussi les médias, pour faire connaître la notion de féminicide, a servi. Cette conscientisation, qui arrive jusque dans les tribunaux, n'est pas passée par la formation dans les professions du droit.

Quelle serait la première mesure à prendre pour enrayer les féminicides ?
GWENOLA JOLY-COZ Il n'y a pas de baguette magique. Mais je pense qu'il faut des juridictions spécialisées. On peut s'inspirer en partie de l'Espagne. Je ne pense pas qu'il faille une juridiction dévolue aux féminicides ni même uniquement aux violences faites aux femmes, mais à tout ce qui est pathologique dans les familles. Pour cela, il faut du budget. Avez-vous entendu parler de la « tribune des 3 000 [10] » ? Ce sont des jeunes collègues, notamment des femmes, qui mettent sur la table ce sujet. Elles prennent leurs responsabilités

et elles disent que, en tant que magistrates, elles considèrent ce sujet important. En attendant, je me suis déjà mobilisée sur le bracelet anti-rapprochement. Je développe aussi des cellules de veille, pour suivre tous les cas, individus et familles, où il y a déjà eu des violences.

MAËLLE NOIR Oui, il faut du budget, des politiques publiques, des grandes campagnes de prévention et une éducation à la non-violence. Avec #NousToutes, nous demandons l'établissement d'un brevet d'éducation à la non-violence et l'organisation de séances d'éducation à la sexualité et au consentement. En février 2022, #NousToutes a publié les résultats d'une enquête d'envergure, menée auprès de 11 000 personnes en France, et qui montre que les élèves, entre la sixième et la terminale, ne bénéficient que de 2,7 séances d'éducation à la vie affective et sexuelle. Or, selon la loi, ces élèves ont en principe droit à trois séances par an, donc 21 pour l'ensemble de leur scolarité du collège au lycée. La loi n'est pas appliquée alors que la prévention est le plus puissant des leviers de lutte contre les violences sexistes et sexuelles, y compris contre les féminicides. Une autre de nos revendications concerne la création d'un observatoire national des féminicides, sur le modèle de celui qui a été lancé en janvier 2022 en Espagne. Cela ne devrait pas être aux associations d'effectuer ce décompte!

FRÉDÉRIC CHAUVAUD L'effort doit être particulièrement porté dès le collège. On ne s'en sortira pas tant que l'on entendra, dans les cours de récréation, des injures homophobes et des propos mettant en avant le culte de la virilité. S'il y avait les moyens, les mentalités pourraient changer en une dizaine ou une vingtaine d'années. Il ne faut jamais oublier que l'histoire est cyclique, c'est-à-dire qu'il ne faut jamais prendre pour définitif les acquis des mouvements sociaux. Il ne faut jamais baisser les bras. ●

> « Le mot féminicide est indispensable pour faire avancer les mentalités. Mais, dans le Code pénal, je n'ai pas besoin de ce mot pour condamner un homme qui a tué une femme. »
> Gwenola Joly-Coz

Entretien réalisé le 26 janvier 2022 en visioconférence par Laurène Daycard (lire sa bio page 144).
Dans la retranscription de cet entretien croisé, nous avons fait le choix de rester fidèles aux propos tenus, sans les décliner en écriture inclusive (lire la note de la correction page 145).

CHRONIQUE

MARION DUBREUIL

Le syndrome de la femme battue reconnu devant les tribunaux

Utilisé depuis le début des années 1990 au Canada, le concept du syndrome de la femme battue émerge dans les tribunaux français. En caractérisant l'état d'emprise des femmes victimes de violences conjugales répétées, il permet de mieux juger les affaires de maricide. Mais il n'est pas exempt de critiques.

Le 25 juin 2021, je suis au tribunal de Chalon-sur-Saône au procès en appel de Valérie Bacot pour l'assassinat de son conjoint violent. À l'heure du verdict, cette femme de 40 ans, qui encourait la perpétuité, est condamnée à quatre ans de prison, dont trois avec sursis. Elle a fait un an de détention provisoire et ressort donc libre du tribunal, sous les applaudissements de la foule. Pour la première fois, j'entends un juge prononcer l'expression *« syndrome de la femme battue »* (SFB) pour motiver une décision sur un maricide[1]. Jusque-là, le SFB n'avait pas, en France, dépassé le stade de l'expertise judiciaire.

Ce concept a été développé par la psychologue clinicienne américaine Lenore Walker en 1979[2] : *« Toute femme peut subir la violence une fois dans ses rapports avec un homme. Si cela se reproduit et qu'elle ne fuit pas cette situation, elle est définie comme femme battue. »* Le SFB est caractérisé par un état d'impuissance, d'hypervigilance et des stratégies d'évitement ; il permettrait d'expliquer notamment qu'une femme reste avec un conjoint violent et qu'elle n'aurait parfois pas d'autre échappatoire que tuer ou être tuée. Depuis 1994, il est répertorié dans le registre américain des maladies mentales sous la rubrique «stress post-traumatique».

Dès 1990, ce concept a été utilisé par la justice canadienne pour acquitter une jeune femme du meurtre de son conjoint violent. Angélique Lyn Lavallée, 22 ans, avait pourtant abattu son compagnon d'une balle en pleine tête, de dos. Mais la justice a retenu que le jour des faits *« il avait menacé de la tuer si elle ne le tuait pas en premier »* ; la jeune femme avait craint pour sa vie. En deux ans de relation, elle s'était rendue à huit reprises à l'hôpital pour des consultations après des violences conjugales. La Cour suprême du Canada a conclu à la *« légitime défense »* : l'expertise psychiatrique établissant un SFB devenait un élément de preuve admissible. Une révolution dans le droit criminel canadien qui a entraîné la révision de 98 cas d'homicides par des femmes.

1. Défini comme «homicide conjugal féminin» ou «meurtre de l'époux par l'épouse» (nous n'avons pas trouvé de cas où ce mot désigne le meurtre d'un homme par son conjoint).

2. Lenore Walker, *The Battered Woman Syndrome*, Springer Publishing Co. Inc, 2009 [1979].

L'EXPERTISE PSYCHIATRIQUE DEVIENT INCONTOURNABLE

En France, les expert·es-psychiatres sont souvent décrié·es par les professionnel·les de justice: pas assez formé·es, trop subjectif·ves. N'importe quel·le psychiatre en exercice avec un casier judiciaire vierge peut prétendre à la fonction d'expert·e judiciaire. Et pourtant, ce sont des acteurs et actrices incontournables des procès d'assises: 49148 expertises psychiatriques ont été ordonnées en 2020 en France. *« On est obligé de parler de psychotraumatisme*, regrette l'avocate Lorraine Questiaux, qui a défendu deux femmes maricides, *pour rassurer les juré·es et anticiper une question qui ne devrait pas être au cœur des débats: pourquoi n'est-elle pas partie? Face à cette anxiété sociale, l'expertise psychiatrique nous permet de démontrer qu'une femme qui a tué son conjoint violent n'a choisi ni la facilité ni la vengeance. »*

Les expert·es peuvent faire pencher la balance judiciaire. En juin 2021, devant la cour d'assises de Saône-et-Loire qui jugeait Valérie Bacot, l'expert Denis Prieur avait expliqué avoir *« l'intime conviction qu'elle était totalement aliénée et que tuer son mari était le seul acte de libération possible »*. Quelques mois plus tard, il m'a confié ne pas avoir *« osé conclure à l'abolition du discernement par peur d'aller trop loin et de desservir les intérêts [de Valérie Bacot] »*. Cela revenait à dire qu'elle n'était pas pénalement responsable, donc qu'elle ne devait pas être jugée; Denis Prieur a estimé que les magistrat·es et les juré·es n'étaient pas prêt·es à l'entendre. Cela m'a fait penser au dossier Rita Graveline, cette Canadienne qui a tué son conjoint violent d'un coup de fusil dans son sommeil une nuit de 1999. Après sept ans de procédures, la Cour suprême du Canada l'avait définitivement acquittée en estimant qu'elle n'était *« pas en lien avec le réel »* quand elle a fait feu *« par automatisme »*.

UNE « CULTURE PROFONDE DU DÉNI DE LA PAROLE DES FEMMES »

L'un des risques de l'utilisation du concept de SFB est de créer un archétype de la femme battue. Il faudrait entrer dans la case de la femme suppliciée, comme Valérie Bacot, à qui rien n'a été épargné: elle a été violentée physiquement, mais aussi forcée à se prostituer, par son mari, qui avait aussi été son beau-père, déjà condamné pour l'avoir violée dans son enfance. Vingt-quatre années d'un calvaire insoutenable.

En dehors du syndrome de la femme battue, quelle est la prise en compte des violences conjugales dans les cas de maricides? Elles sont par exemple totalement absentes des motivations de la cour d'appel d'Évreux, qui a condamné, le 23 octobre 2021, Alexandra Richard à dix ans de réclusion criminelle pour le meurtre de son conjoint. Quand les expert·es ne font pas, ou font mal, la médiation entre la justice et les femmes accusées de maricide, ces dernières ne sont pas entendues. Me Questiaux, l'avocate d'Alexandra Richard, dénonce une *« culture profonde du déni de la parole des femmes »*.

Pour l'avocate féministe Choralyne Dumesnil, *« l'écueil de ces expertises finalement, c'est de se soustraire à l'analyse politique des rapports de pouvoir et de se contenter d'une analyse individuelle, d'une lecture psychologique et psychiatrique des réactions des femmes au patriarcat »*. Et si le syndrome de la femme battue était avant tout l'aveu d'échec d'une société incapable de protéger les femmes? Car si elles n'ont pas d'échappatoire face à un conjoint violent alors même qu'elles ont la possibilité en droit de déposer plainte et d'obtenir une mesure d'éloignement, cela démontre bien que ces mécanismes sont inopérants. La reconnaissance du syndrome de la femme battue ne suffit pas; les avocates de Valérie Bacot ont assigné l'État en justice pour faute lourde: les signalements de violences n'ont pas été pris en compte, l'État ne l'a pas protégée. ●

Cette chronique est la première d'une série de quatre sur la justice au prisme des luttes féministes. Elle est signée par la journaliste judiciaire indépendante **Marion Dubreuil** (lire sa bio p. 144).

PORTFOLIO

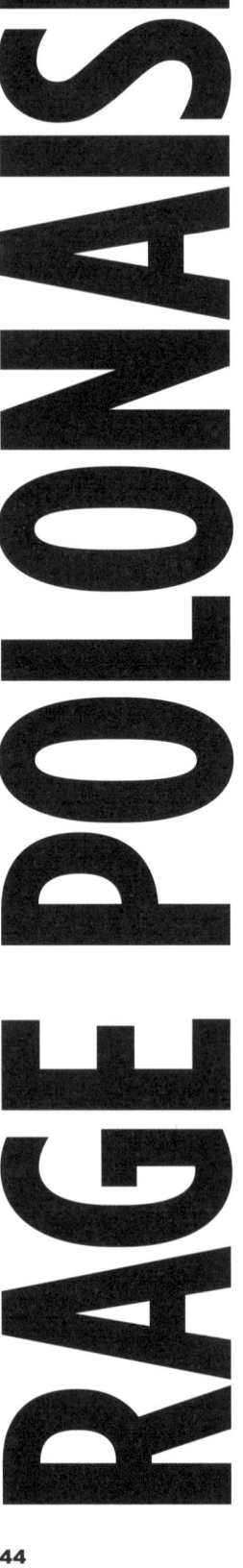

RAGE POLONAISE

Des manifestations pour défendre le droit à l'avortement aux mobilisations contre la guerre en Ukraine, le collectif de photographes polonais·es Archiwum Protestów Publicznych (APP, Archive de la contestation publique) s'applique à raconter les luttes féministes et pacifistes qui secouent ce pays d'Europe orientale.

Le 22 octobre 2020, un arrêt du tribunal constitutionnel a quasiment interdit l'avortement en Pologne. Seules sont autorisées les interruptions volontaires de grossesse en cas de viol, d'inceste ou de mise en danger de la vie de la mère. Aussitôt, des manifestations massives soulèvent le pays. L'éclair rouge, symbole du mouvement Strajk Kobiet (grève des femmes), devient leur signe de ralliement. Le collectif APP, créé en 2015, documente ces mobilisations, rend disponibles gratuitement ses images et publie *Gazeta Strajkowa* (gazette de la grève) : des feuilles gratuites et téléchargeables brandies comme pancartes pendant les défilés.

La Déferlante a choisi de vous montrer le travail de six femmes, six photographes parmi les membres de l'APP, qui œuvrent à archiver ces contestations :

Marta Bogdańska
Artiste, réalisatrice et photographe. Elle a vécu huit ans au Liban avant de se réinstaller en Pologne. Elle est diplômée de philosophie et d'études de genre ; ses travaux sont publiés dans de nombreux pays.

Michalina Kuczyńska
Photographe née en 1996 en Silésie. C'est dans cette région de l'ouest de la Pologne qu'elle a commencé à photographier les premières manifestations.

Joanna Musiał
Artiste et photographe née en 1991, diplômée de l'académie des Beaux-Arts de Cracovie. Son travail est publié entre autres dans *The British Journal*, *The Calvert Journa*l, *Vogue Poland*, *National Geographic Poland*, *Die Zeit* et *Le Monde*.

Agata Kubis
Née en 1977, cette photojournaliste documente, depuis dix ans, des événements liés aux milieux féministes, LGBTQI+ et libertaires. Elle collabore, entre autres, avec *Democracy Action*, *Gazeta Wyborcza*, *Newsweek* et *Polityka*.

Alicja Lesiak
Artiste visuelle et designeuse. Née en 1988, elle vit et travaille à Varsovie. Ses photographies sont parues dans *National Geographic*, *The Calvert Journal*, *HuffPost*, *Year Zero* ou encore *9 Lives*.

Karolina Sobel
Photographe et artiste vidéaste née en 1987. Elle est établie entre Varsovie et Karlsruhe, en Allemagne, où elle enseigne. Au printemps 2022, elle était en résidence à la Cité internationale des arts de Paris.

À Cracovie, le 28 octobre 2020, lors de la mobilisation Techno Blokada. Les cintres brandis rappellent que cet objet est utilisé pour les avortements clandestins.

JOANNA MUSIAŁ

Le 26 octobre 2020 à Varsovie, lors d'un *blokada miasta* (blocage des villes) par les manifestant·es.

AGATA KUBIS

Page de droite, en haut :
À Varsovie, le 19 juin 2021, lors de la Love Parade.

MICHALINA KUCZYŃSKA

Page de droite, en bas :
Le 18 novembre 2020, des policiers gazent et nassent les manifestant·es de la Grève des femmes devant le siège de la Telewizja Polska, la télévision publique polonaise.

ALICJA LESIAK

PORTFOLIO

PORTFOLIO

Page de droite :
Lors d'une
manifestation
le 29 janvier 2021,
à Varsovie. Deux jours
plus tôt, la décision du
tribunal constitutionnel
d'interdire l'avortement
a été publiée
officiellement. « Nous
sommes du bon côté
de l'histoire »,
revendique la pancarte
rouge. Quand la
deuxième proclame :
« Pas de femmes,
pas de pays ».

MICHALINA KUCZYŃSKA

Ci-dessus :
À Varsovie, le 30 août
2020. Manifestation
contre la haine envers
les personnes
LGBTQI+ organisée
par No More devant
le palais présidentiel.

MARTA BOGDANSKA

Ci-contre :
À Toruń, 200 km
au nord-ouest
de Varsovie,
le 30 novembre
2020, lors d'une
manifestation devant
le commissariat.
Les manifestant·es
réclament la libération
des militant·es
arrêté·es.

JOANNA MUSIAŁ

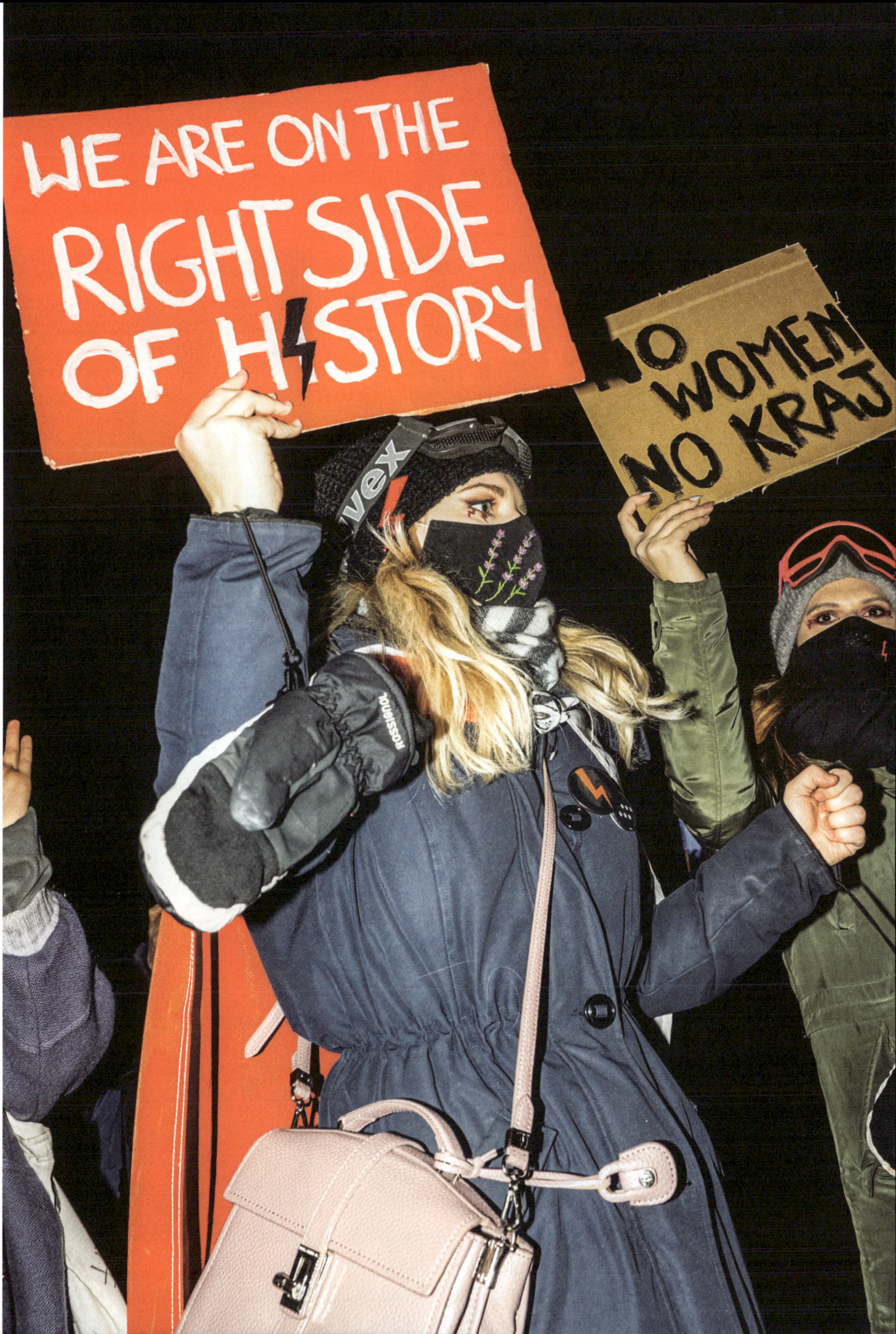
WE ARE ON THE
RIGHT SIDE
OF H/STORY
NO WOMEN
NO KRAJ

Ci-dessus :
Le 18 novembre 2020,
à Varsovie lors de
la nasse devant
la télévision publique
polonaise.
ALICJA LESIAK

Ci-contre :
« Nous ne plierons
pas nos parapluies »,
proclame l'affiche de
cette manifestante
à Varsovie le 15 avril
2020 alors que le
Parlement s'apprête
à légiférer sur une
restriction du droit
à l'avortement.
Recouvrant
les cortèges,
les parapluies sont
devenus un symbole
de la contestation.
KAROLINA SOBEL

PORTFOLIO

Le 18 novembre 2020,
à Varsovie,
manifestation de
la Grève des femmes.
AGATA KUBIS

PORTFOLIO

Ci-dessus :
Le 5 mars 2022, à la
frontière ukrainienne,
des enfants réfugiés
ukrainiens dans
une voiture de police.
AGATA KUBIS

Ci-contre :
Le jour de l'offensive
russe, le 24 février
2022, à Cracovie, lors
d'une manifestation
pour la paix.
JOANNA MUSIAŁ

Page de droite :
Le 24 février 2022,
à Cracovie, lors
d'une manifestation
pour la paix.
ALICJA LESIAK

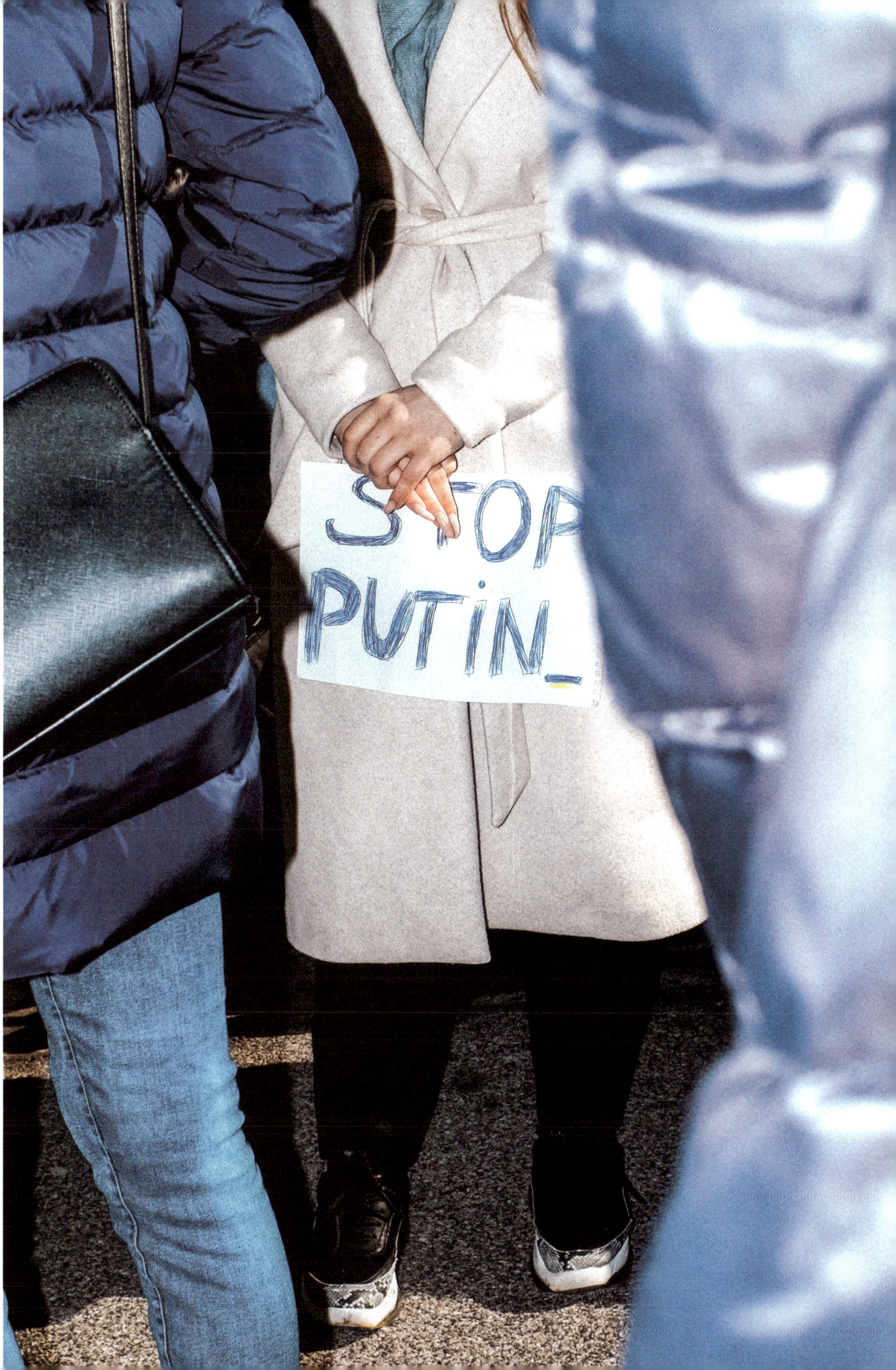
STOP
PUTIN

Dans mon jardin,
2020.
SANDRA MARTAGEX

CARTE BLANCHE

NOUS APPROCHIONS DES DUNES

MATHILDE FORGET

Le 13 mars 1868, Abel Barbin, né Herculine Barbin, se suicide chez lui, au gaz. Il avait 29 ans. Dans sa modeste chambre parisienne, on retrouve un texte inachevé : *Mes souvenirs*. L'autrice Mathilde Forget explore la symbolique de ces écrits signés par l'une des premières personnes intersexuées à avoir subi une réassignation de genre et vu son identité modifiée par l'état civil français.

TEXTE
Mathilde Forget

DESSINS
Sandra Martagex

(Lire leurs bios page 144.)

1. Toutes les informations suivies d'un astérisque sont tirées du livre *Les deux vies d'Abel Barbin, né Adélaïde Herculine (1838-1868)* de Gabrielle Houbre (Puf, 2020).

2. Tous les passages en italique sont extraits du manuscrit d'Herculine Barbin publié dans *Herculine Barbin dite Alexina B.*, (Gallimard, 1978, nouvelles éditions 2014 et 2021). Lire aussi l'encadré page 63.

3. L'Arche, 2001.

Le manuscrit est sur la table au fond à gauche. La table est d'un bois modeste et grinçant. Chaque feuille est soigneusement disposée. Le manuscrit, dont certains mots sont soulignés, est posé sur la table, en évidence. J'imagine. J'imagine en évidence, car on imagine bien que ce qui est laissé ne l'est pas au hasard lorsque l'on va se donner la mort. Au milieu du bureau, se trouve également une lettre adressée à Adélaïde Destouches*[1], une domestique de La Rochelle. Elle est la mère. Son enfant, à l'âge de 29 ans, vient de se suicider. On ne sait pas si elle a eu connaissance de ce courrier qui lui demande pardon pour les souffrances que ce geste va lui causer. « Pardonne-moi », j'imagine. Mais, est-il possible d'en vouloir à celui qui se suicide au point de ne pas répondre à sa demande de pardon de peur de la justifier ? Alors, une demande de pardon en attente de réponse se transforme en errance. Ne demandez pas pardon. On ne sait jamais quoi vous répondre. Commencez un dialogue possible. Peut-être, « À bientôt ! ». Car c'est bien à cela que l'on pense le plus, c'est bien à propos de cela que l'on aimerait engager la conversation avec vous. « Dis, tu reviens quand ? »

Quand une personne se suicide, les journaux donnent rarement les raisons du décès. Quand les journaux ne donnent pas les raisons du décès, c'est le plus souvent un suicide. Quand les journaux ne donnent pas les raisons du décès, j'y pense. Le suicide n'est pas une raison. Le manuscrit est sur la table en haut à gauche. Dans cette petite chambre misérable au 5e étage du numéro 40 de la rue de l'École-de-Médecine, à Paris, aujourd'hui place Henri-Mondor*, le bureau est à côté du lit. Non, pas à côté du lit mais devant la fenêtre. Il doit bien y avoir une fenêtre. La chambre est marquée par une pauvreté menaçante. La précarité pourrait être une des textures dont est fait le temps qui précède le suicide, *Le provisoire, malheureusement, menaçait de durer trop longtemps ; mes finances s'épuisaient de façon à me suggérer de tristes réflexions*[2]. Oui, il doit bien y avoir une fenêtre. Ce n'est pas une lucarne comme je l'imaginais au départ, nous ne sommes pas au dernier étage. Nous ne sommes pas au dernier étage, je l'aurais lu quelque part sinon. Cette histoire a été abondamment commentée. La fenêtre donne sur la rue. Une rue d'un Paris de la fin du XIXe siècle. Si nous sommes le jour même, le jour de la découverte de son corps, nous sommes le 13 mars 1868. Et ce jour est aussi celui de la découverte de son texte, *Mes souvenirs*.

J'ai longtemps pensé, alors que je l'avais déjà lu plusieurs fois, que *Mes souvenirs* était un de ces livres écrits et achevés juste avant le suicide de son auteur. Avoir un projet, précéder le geste de se donner la mort par celui de l'écriture. Comme *4.48 Psychose*, de Sarah Kane[3]. Mais Adélaïde Herculine Barbin a commencé *Mes souvenirs* cinq ans avant son suicide, en 1863, et il est resté inachevé. Comment avais-je pu passer à côté de ce fait-là ? Je m'accrochais, sans doute, à l'histoire qui convenait le plus à l'une de mes obsessions, celle du temps qui précède les suicides, comme un temps qui pourrait être organisé, pensé. Imaginer qu'on puisse se donner un objectif avant de se suicider, que ce geste-là puisse s'articuler avec un autre dans la vie m'échappe et m'obsède. Mais le texte de Barbin est resté inachevé. Ce n'est donc pas tout à fait la même histoire. Le suicide est arrivé en cours de rédaction. Ce n'est donc pas tout à fait la même histoire. De quoi est fait le temps qui précède les suicides ? Cette question m'obsède. Car pour avoir une prise dessus, une

1838
Naissance d'Adélaïde Herculine Barbin le 8 novembre à Saint-Jean-d'Angély (Charente-Maritime). L'enfant est déclaré fille à la naissance.

1858
Obtention du diplôme d'institutrice. Elle tombe amoureuse d'une autre institutrice, Alida Dubreuilh (appelée Sara dans *Mes Souvenirs*).

1859
À la suite de douleurs, elle consulte un médecin, qui constate un *« pseudo hermaphrodisme masculin »*.

toute petite, il faudrait savoir de quoi il est fait. Et lorsque ce temps a été littéraire, alors, cela m'obsède au carré. Oui, je voudrais avoir une prise sur le temps qui précède les suicides. Les obsessions nous commandent.

Je lis et j'imagine. Est-ce qu'imaginer c'est déjà interpréter? Certainement. On demande à ceux qui étudient la musique d'entendre instantanément la mélodie dès la première lecture d'une partition avant de la jouer. Le déchiffrage occupe le cerveau d'une manière qui le retarde dans certains de ses mécanismes. Peut-être celui de l'interprétation. Peut-être existe-t-il, au moment de la découverte d'un texte, une relation à lui, unique, qui disparaît ensuite. Je voudrais alors prendre ce temps-là avec *Mes souvenirs*. Y être attentive surtout. Comme l'histoire est vraie et sciemment gardée extraordinaire, on en entend parler. Vous entendez? Beaucoup de textes universitaires, historiques, importants et éclairants, ont été écrits sur *Mes souvenirs*. J'y vois bien sûr un moyen de ne pas le laisser dans sa solitude qui est au cœur de son écriture, mais il arrive aussi que l'on fasse au texte ce que l'on a fait au corps. Et il arrive que l'on ait un avis sur la vie d'Herculine Barbin sans jamais avoir lu, de tous les textes existants, celui écrit de sa propre main. N'oubliez pas de prendre le temps d'écouter la petite musique du manuscrit. La voix de son auteure. Le texte initial ne doit pas disparaître sous son objet d'étude.

En haut à gauche de la table, le manuscrit est posé en évidence. Et dans cette chambre, malgré l'austérité, il doit y avoir quelques livres sur une étagère. Oui, Herculine les aime tant, peut-être son exemplaire des *Métamorphoses* d'Ovide. Quelques livres et le souvenir chaleureux, je l'espère, des marronniers touffus. *Que de fois je me dispensai de la promenade pour pouvoir, le livre à la main, me promener* seule[4] *dans les magnifiques allées de notre beau jardin, à l'extrémité duquel se trouvait un petit bois planté de marronniers sombres et touffus!*

« Ma place n'était pas marquée dans ce monde qui me fuyait, qui m'avait maudit. »

La décision du tribunal est une lettre. Le 21 juin 1860, le deuxième jugement du tribunal civil de Saint-Jean-d'Angely est rendu, *sentence définitive*, et demande la rectification de l'état civil de l'institutrice du pensionnat d'Archiac*, Adélaïde Herculine Barbin, désormais Abel Barbin. Herculine l'apprendra par courrier postal. *C'était donc fait. L'état civil m'appelait à faire partie désormais de cette moitié du genre humain, appelé le sexe fort.* Elle a alors 22 ans. Trois ans plus tard – cinq ans avant de se suicider – elle entreprend d'écrire la bascule de cette réassignation arbitrée par la médecine et la justice.

Dans *Mes souvenirs*, Herculine Barbin se nomme Camille, et la langue fait des allers-retours entre le masculin et le féminin. Le pronom iel n'existe pas encore. Barbin l'aurait-elle utilisé? Sur les feuilles, certains mots sont soulignés, principalement les mots au féminin, mais aussi *dunes, sensations, nous allons nous revoir, intimité…*, qui seront retranscrits en italique dans la première édition du texte, en 1872. En écrivant ces allers-retours dans la langue, Barbin crée un mouvement. Un mouvement qui finit par user les deux extrémités de la course, le féminin et le masculin. C'est la sensation que j'ai eue, à la première lecture. Employés par la même voix, les deux genres pourraient finir par se dissoudre dans le même être. Barbin écrit la non-binarité en faisant fusionner les deux genres, non pas dans le même pronom puisqu'elle n'y avait pas accès, mais dans la

4. Les mots soulignés le sont dans le manuscrit.

1860
Le tribunal de Saint-Jean-d'Angély modifie l'acte de naissance d'Herculine Barbin et la désigne comme étant de sexe masculin. Herculine devient Abel et part s'installer à Paris.

1863
Abel Barbin commence la rédaction de *Mes Souvenirs*.

1868
Le 13 mars, Abel Barbin se suicide, à l'âge de 29 ans, dans sa petite chambre parisienne.

DANS *MES SOUVENIRS*, LA LANGUE FAIT DES ALLERS-RETOURS ENTRE LE MASCULIN ET LE FÉMININ. LE PRONOM IEL N'EXISTE PAS ENCORE. BARBIN L'AURAIT-ELLE UTILISÉ ?

même voix. Bien sûr, au contact du récit de sa vie, on se demande aussi à quel point Barbin était véritablement libre dans sa langue. Ce qu'on lui a imposé en société, existe (encore) forcément dans son écriture. Alors, la première petite musique me quitte et j'entends dans ces allers-retours l'impossibilité de se réunir, ça cogne, la violence d'une binarité imposée. Comment cette écriture aurait-elle évolué, si Abel s'était libéré socialement ? Encore empêchée oui, jusque dans son écriture peut-être, mais ce mouvement existe, et les mots qu'elle choisit de souligner, construisent sa propre mécanique du texte. Pour ça, et parce que le corps et la vie écrits d'Herculine Barbin font craquer les fictions politiques, *Mes souvenirs*, s'inscrit (pour moi) furieusement en littérature.

Je dois vous dire. Si je me concentre un peu, j'entends de nouveau la première petite musique entendue en découvrant ce texte. Elle avait des airs de *Thérèse et Isabelle*[5] de Violette Leduc, un roman censuré à sa sortie en 1954 sur la découverte de la passion physique entre deux adolescentes. *Elle me sortait d'un monde où je n'avais pas vécu pour me lancer dans un monde où je ne vivais pas encore.* Dans *Mes souvenirs*, Camille rencontre Sara dans un pensionnat de jeunes filles où elles sont toutes les deux institutrices. *Je suis <u>née</u> pour aimer, j'avais un cœur de feu.* C'est le récit d'un amour passionné qu'il faut cacher. Le souvenir de ce chavirement, sa rencontre avec Sara, tient le texte.

Il est son premier nerf. Son deuxième est l'inquiétude qui surgit inlassablement autour de cette ligne amoureuse. La variation du texte telle que je l'ai entendue est celle d'un amour inquiet parce qu'inquiété, et du désespoir qu'il produira. Inquiète-toi de ce que tu es, inquiète-toi de comment tu aimes. J'entends cette petite musique, la même que celle des cachettes de mon enfance. Peut-être que pour moi la découverte du désir amoureux n'a jamais été en dehors de l'inquiétude. Une agitation déjà convaincue de l'illégalité de ma situation. *Tu ne peux pas être amoureuse d'une autre fille.* J'imagine alors. Dans mon enfance, un instant de liberté précédant la compréhension de cet interdit avait forcément existé. Certainement. Mais chaque fois que j'y pense, en réalité, cette possibilité amplifie rétrospectivement la peur, car on se demande : combien de temps suis-je restée à découvert sans savoir ce que je risquais ? Dans certaines situations l'innocence n'est qu'une dangereuse naïveté. Mon incapacité à savoir physiquement, à comprendre au contact de ma mémoire corporelle ce qui a préexisté entre l'amour et la peur d'être traquée, m'empêche souvent, aujourd'hui encore, de dissocier ces deux sentiments.

> « Il n'est bruit depuis quelques jours, à La Rochelle, que d'une singulière métamorphose qui vient de s'opérer chez une institutrice âgée de vingt et un ans. Cette jeune fille, réputée par ses talents non moins que par sa modestie, fit tout à coup, la semaine dernière, son apparition en habits d'homme dans l'église Saint-Jean, entre sa mère et une dame des plus estimables de la ville*. »
> *L'Indépendant de la Charente-Inférieure*, 21 juillet 1860

Dans *Mes souvenirs*, l'écriture positionne les différents événements qui finiront par piéger Camille dans ce tribunal de Saint-Jean-d'Angély. Au sens figuré, nous le savons, elle n'était pas au tribunal quand la décision a été prise. Comment ceux qui l'obligent à éclaircir sa situation, médecins et hommes d'Église, arrivent-ils à

[5]. Publié en version intégrale aux éditions Gallimard en 2000.

CARTE BLANCHE

le faire en mettant en scène sa complicité, son consentement, l'idée que « c'est pour son bien » ? Car Herculine Barbin souffre, souffre physiquement, et atrocement, des multiples intrusions des médecins au cours des examens. La première visite a lieu à l'initiative de Sara qui s'inquiète des douleurs persistantes à l'abdomen de son amour. À la suite de cette visite, Herculine devient alors un corps à clarifier. Son corps, mais pas seulement. Son rôle social également. À la suite du deuxième examen sur les trois qu'il va subir, le médecin note, *En rapport tous les jours avec ses jeunes filles de quinze à seize ans, elle éprouvait des émotions dont elle avait peine à se défendre.* Il est assez certain que cette réassignation n'est pas sans prendre en compte le fait qu'Herculine entretient des relations amoureuses avec d'autres filles. Puisqu'elle aime les femmes, elle doit être un homme. Barbin menaçait l'hétérosexualité et une certaine idée de la masculinité.

Un de mes passages préférés est le moment où elle condamne les abus de pouvoir des hommes qui l'entourent. *Sous le coup d'une disgrâce, la pauvre jeune fille, pour ne pas se voir retirer le morceau de pain qui la fait vivre elle et son vieux père, se fera plus sensible, plus petite devant l'arrogance de son supérieur. Enchanté d'avoir fait trembler une enfant, celui-ci s'apaise un peu et finit par un compliment, qui, dans la bouche d'un autre, pourrait passer pour une insulte ? Mais peut-on répondre impoliment à M. l'inspecteur ? Non. Il le sait bien. On ne peut pas non plus rester indifférente aux promesses d'avancement qu'il veut bien faire. J'ai vu passer sous mes yeux de ces scènes vraiment incroyables de bassesse indigne, d'abus de pouvoir trop révoltant pour que j'essaye de les raconter.*

En le recopiant, je constate non sans une petite gêne, que j'ai certainement été séduite par cette étrange association entre une remarque digne du mouvement #MeToo et un ton tout à fait précieux et religieux. Car oui, Herculine aime Dieu. Totalement. Ses maisons, les pensionnats de jeunes filles, ont été des refuges pour elle. Et je comprends que l'on se tourne vers une figure sans corps quand le nôtre est à ce point traqué.

L'écriture positionne les différents événements. Peu avant sa dernière confession, celle qui aboutira au dernier examen médical et au

La création de l'univers, 2019.
SANDRA MARTAGEX

JE NE SAIS PAS CE QU'EST LA LITTÉRATURE, MAIS L'ÉCRITURE DOIT PERMETTRE UNE RÉSISTANCE FACE AUX SOLITUDES DE CERTAINES RÉALITÉS RENDUES INEXPRIMABLES.

Mathilde Forget

verdict du tribunal, Barbin décrit une scène qui m'a beaucoup marquée et me semble décisive. Il y décrit l'image de Sara portant un enfant dans ses bras. Une nuit, la sœur cadette de Sara donne naissance dans la maison familiale. Sara semble émerveillée par le petit qu'elle tient, et, face à cette image, Camille est prise d'une émotion qu'elle ne peut contenir. On retrouve cette agitation entre un sentiment amoureux éprouvé et la peur d'être repérée, de se mettre en danger par l'expression de ce sentiment, car la mère de Sara observe la scène. *Au milieu du bonheur qui m'enivrait, j'étais affreusement torturée. Que faire, mon Dieu, que résoudre !* Dans cette phrase on entend le tourment de Barbin qui finit ici de la convaincre que sa situation est invivable, rendue invivable (bien sûr) par la société. Si elle veut une chance de vie commune avec Sara, elle doit être reconnue comme un homme. Iel finit donc par laisser les hommes de pouvoir *régler* sa situation inexprimable, c'est-à-dire les laisser nier définitivement sa propre réalité, celle d'une personne intersexuée amoureuse d'une fille. Une réalité qui va à l'encontre de ce qui fait le mythe de l'homme et de la femme, à l'encontre aussi de l'hétérosexualité. *Ma pauvre tête était un chaos duquel je ne pouvais rien démêler.*

Je note ici : toujours revenir au texte de Barbin. Me souvenir de ses choix dans le texte. Ce qu'il expose et ce qu'il n'expose pas. Revenir à ses souvenirs.

Après cette réassignation, Abel se sent de plus en plus étranger et incapable de se projeter dans l'avenir. Ces dernières tentatives, avant que le texte ne s'arrête, sont de trouver un travail, car il a été obligé de quitter sa ville et son emploi. Mais il est un homme à la carrure trop délicate pour les postes réservés aux hommes. Il a faim. Cette décision du tribunal aura comme conséquence, parmi tant d'autres, de l'affamer.

« Autour de ma dépouille »

Le paquet de feuilles sur la table en haut à gauche est trouvé et donné au médecin Ambroise Tardieu, le premier à le publier dans un livre intitulé, *Question médico-légale de l'identité dans ses rapports avec les vices de conformation des organes sexuels*. Tardieu a enlevé certains passages qui n'étaient pour lui que des *« plaintes, récriminations et incohérences* »*. Le texte intégral de *Mes souvenirs* n'a jamais été retrouvé. *« Je reproduirai ici le manuscrit presque en entier et tel qu'il m'a été transmis. Je retrancherai seulement les passages qui allongent le récit sans ajouter un intérêt, mais partout je respecterai la forme qui a un cachet particulier de sincérité et d'émotions saisissantes. Je ferai remarquer que l'auteur a déguisé seulement les noms propres et les lieux ; les faits et les impressions restent absolument vrais. Les mots imprimés ici en italique sont soulignés dans le manuscrit, car l'auteur a mis une visible affection à parler de lui tantôt au masculin, tantôt au féminin*. »* Je pense alors : ce sont les mains de la médecine qui ont en dernier touché son corps. Ce sont les mains de la médecine qui ont en premier touché son texte. Penser au pensionnat d'Archiac, près d'une plage, ailleurs encore près d'une forêt, il y a eu les mains de Sara. Repenser à la dune, aux forêts, à la plage. À la lecture. Imaginer. Imaginer Herculine loin. Sur sa dune. Les pieds qui s'enfoncent dans le sable chaud.

Ce jour arrivé, quelques médecins feront un peu de bruit autour de ma dépouille ; ils viendront en briser tous les ressorts teints, y puiser de nouvelles lumières, analyser toutes les mystérieuses souffrances amassées sur un seul être.

En 1978, le philosophe Michel Foucault publie *Mes souvenirs*, sous le titre de *Herculine Barbin, dite Alexina*[6] B., premier titre de sa collection « Les vies parallèles » aux éditions Gallimard, et lui donne ainsi une nouvelle visibilité. Dans la préface qu'il rédige pour l'édition américaine en 1980, il interroge ce qu'est « le vrai sexe ». La préface sera critiquée par Judith Butler dans son ouvrage *Trouble dans le genre* en 1990. En 2020, l'historienne Gabrielle Houbre publie *Les deux vies d'Abel Barbin, né Adelaïde Herculine (1838-1868)* aux Presses universitaires de France. Gabrielle Houbre y fait un impressionnant travail historique avec, je tombe sur cette tendre formule, « prudence interprétative ». « *Car si Barbin est captive ou captif, à la fin du Second Empire, de la pensée binaire des sexes et de l'orthodoxie hétérosexuelle, son récit décadre pourtant ingénument ces catégories et ouvre la possibilité d'une troisième dimension intersexuelle ou transidentitaire.* » « *Autant de vies qui accusent l'ordre binaire sexuel au XIXᵉ siècle et ses absurdités* », conclut-elle dans la partie intitulée *Les « erreurs de sexes ».*

6. « Alexina » était l'un des surnoms d'Herculine Barbin.

Le texte de Barbin est le support de beaucoup de travaux. J'ai chez moi trois éditions, pourtant aucune ne comporte uniquement le texte de son auteur. Et parfois, souvent, les comptes rendus des examens médicaux y figurent. Comme s'ils étaient nécessaires. Comme si la violence qu'ils produisent pouvait être reproduite. Une des éditions comportait même des photos, celles de corps torturés au nom de la science et du progrès. Et elles ne témoignent pas d'une époque révolue, aujourd'hui encore, les personnes intersexuées sont scrutées et mutilées dès l'enfance pour répondre aux exigences d'un sexe clairement féminin ou masculin selon les critères des échelles de Prader ou de Quingley. La France a été condamnée à de multiples reprises par l'ONU pour la mutilation des enfants intersexués.

Le 8 novembre 2016, Journée internationale de la solidarité intersexe, a été créé le Collectif intersexes et allié-e-s-OII. Le 8 novembre est, aussi, la date de naissance d'Herculine Barbin.

Barbin écrit la solitude des enfants qui ne savent pas qui ils sont dans l'histoire. Et qui pourraient finir par croire que seuls les morts sont une communauté possible, *La vue d'un tombeau me réconcilie avec la vie. J'y éprouve je ne sais quoi de tendre pour celui dont les ossements sont là à mes pieds. Cet homme qui fut étranger pour moi devint un frère. Je conserve avec cette âme délivrée de ses chaînes terrestres ; captif ; j'appelle de tous mes vœux l'instant où il me sera donné de la rejoindre.* Cette solitude pleine de honte pourrait être une des textures dont est fait le temps qui précède les suicides.

> « Une <u>sensation inouïe</u> me dominait tout <u>entière</u> et m'accablait de honte. Ma situation ne peut s'exprimer. »

Mes souvenirs est-il un texte littéraire ? Dans le fond, je ne sais pas ce qu'est la littérature, je m'en fous, mais en lisant cette phrase de Barbin, j'ai tout de suite pensé à Dorothy Allison et à Annie Ernaux. À une phrase dans *Peau*[7] et à une autre dans *Mémoire de fille*[8], qui disent ce que je mets derrière les gestes d'écriture que j'ai envie de défendre, derrière l'écriture telle que je la reconnais. La plus éclatante.

Le besoin de rendre mon monde crédible pour les gens qui ne le connaissent pas constitue en partie la raison pour laquelle j'écris.
Peau, Dorothy Allison

La grande mémoire de la honte plus minutieuse, plus intraitable que n'importe quelle autre. Cette mémoire qui est en somme le don spécial de la honte.
Mémoire de fille, Annie Ernaux

Et j'ajoute désormais,

Une <u>sensation inouïe</u> me dominait tout <u>entière</u> et m'accablait de honte. Ma situation ne peut s'exprimer.
Mes souvenirs, Herculine Barbin

Le pied gauche s'enfonce plus vite que le droit. Le sable presque brûle. Il faut regarder la mer au loin, pour rafraîchir la plante. Je ne

7. Dorothy Allison, Cambourakis, 2015.

8. Annie Ernaux, Gallimard, 2016.

Amour ardent (extrait), 2020.
SANDRA MARTAGEX

sais pas ce qu'est la littérature, mais l'écriture doit permettre une résistance face aux solitudes de certaines réalités rendues inexprimables. Avec *Mes souvenirs*, Barbin permet que l'Histoire soit plus difficilement écrite sans iel. Sara se tient plus bas, près de l'endroit des oyats qu'elles avaient déjà aperçus hier. Je ne sais pas ce qu'est la littérature mais je vois ceux qui s'empressent de la définir pour nous dire surtout que celles qui écrivent leur histoire n'en sont pas, de la littérature, quand ceux qui écrivent leur histoire à elles en sont, de la littérature. L'idée d'une littérature véritable permet de rejeter celles et ceux qui ont osé se sentir légitimes dans un système où tout est pensé pour que la légitimité d'écrire concerne toujours les mêmes, défendant les mêmes fictions. Dans le sable, son exemplaire de *Mémoire de fille* s'enfonce un peu. Herculine a corné la page 28. Ça porte chance.

Je voudrais qu'existe une édition de *Mes souvenirs* sans autres textes que celui d'Herculine Barbin. La possibilité aussi, qu'il se tienne seul, au milieu des multitudes de petites musiques à venir.

Le petit village est littéralement enfoui sous un océan de verdure perpétuelle, dont les racines profondes se multiplient depuis des siècles dans des montagnes de sable appelées dunes.

Nous approchions.

ITINÉRAIRE DE « MES SOUVENIRS »

Lorsque Abel Barbin – né Adélaïde Herculine – se suicide, le 13 mars 1868, un certain docteur Regnier vient constater le décès dans sa chambre. Sur place, il récupère un manuscrit autobiographique inachevé rédigé par Barbin. Il remet le texte à un médecin légiste influent, Auguste Ambroise Tardieu. Celui-ci publie le texte d'Herculine Barbin en 1872, dans un recueil intitulé *Question médico-légale de l'identité dans ses rapports avec les vices de conformation des organes sexuels contenant les souvenirs et impressions d'un individu dont le sexe avait été méconnu*. Avant la publication, il a coupé quelques passages. La version intégrale d'origine ne sera jamais retrouvée.

Un siècle après cette première édition, Michel Foucault découvre l'existence de ce texte dans les archives du département français de l'Hygiène publique. Il décide de le rééditer, accompagné d'un dossier historique, pour inaugurer sa collection « Les vies parallèles », chez Gallimard. Le livre, intitulé *Herculine Barbin dite Alexina B.*, paraît en 1978. Dans la préface de la traduction américaine de l'ouvrage, Michel Foucault évoque les *« délices »* d'une vie *« sans sexe certain »*. En 2014 puis en 2021, Gallimard réédite *Herculine Barbin dite Alexina B.* Cette nouvelle version, postfacée par le sociologue Éric Fassin, comprend aussi la nouvelle *Un scandale au couvent*, écrite par le médecin allemand Oskar Panizza à la fin du XIXe siècle et librement inspirée de la vie de Barbin.

L'histoire d'Herculine Barbin a fait l'objet de plusieurs adaptations. Au cinéma, René Féret réalise en 1984 *Mystère Alexina* ; le film sera sélectionné dans la catégorie Un certain regard à Cannes. Au théâtre, Alain Françon est le premier à mettre en scène la trajectoire de Barbin, au festival d'Avignon en 1985. Il sera imité par Stéphane Vérité avec la Compagnie Palimpseste en 1994. Plus récemment, en janvier 2022, Catherine Marnas a mis en scène la pièce *Herculine Barbin : archéologie d'une révolution* au Théâtre national de Bordeaux en Aquitaine. Une reprise de cette pièce est programmée au Théâtre 14, à Paris, en 2023.

SOMMAIRE

VERBATIM 66
FOCUS 68
POURQUOI LUTTEZ-VOUS ? 73
RÉCIT 76
HISTOIRE D'UN SLOGAN 82
ENTRETIEN 86
POUR ALLER + LOIN 92

DOSSIER RIRE

DIS-MOI CE QUI TE FAIT MARRER, JE TE DIRAI QUI TU ES

ILLUSTRATION Léa Djeziri pour *La Déferlante*

Artiste, illustratrice et autrice, Léa Djeziri dessine notamment pour la presse et l'événementiel. Elle signe également la couverture de ce numéro.

Le 27 mars dernier, lors de la cérémonie hollywoodienne des Oscars, l'humoriste Chris Rock n'avait qu'une mission : remettre la statuette du meilleur documentaire, de préférence en agrémentant cet exercice un brin fastidieux d'une bonne blague. Si, depuis, tout le monde a oublié le nom du film récompensé, nul·le n'oubliera la saillie de Chris Rock : après avoir moqué l'actrice Jada Pinkett Smith victime d'alopécie, le comique s'est vu décocher en direct une gifle par le mari de cette dernière, le comédien Will Smith. Preuve que l'humour est une équation à l'issue incertaine. Pour assurer la cohésion parfois précaire d'un groupe, il met en branle des processus de stigmatisation visant toujours les mêmes personnes (les femmes, les racisé·es, les trans, les homos, les gros·ses…). La violence qu'il véhicule, pour être symbolique, n'en atteint pas moins celles et ceux qui la subissent dans leur intégrité, et peut susciter une autre violence, bien physique celle-là.

Oui, le rire est une arme redoutable. Chez le personnage de la jeune fille du récit que signe dans ces pages la romancière Nathalie Kuperman, il est par excellence l'outil du diable. Rien d'étonnant à ce que le patriarcat ait si longtemps refusé aux femmes un tel instrument de transgression, comme le raconte l'historienne Sabine Melchior-Bonnet. Pourtant les femmes ont toujours ri, et les féministes encore davantage. Preuve en est ce fameux slogan des années 1970 : « Une femme sans homme, c'est comme un poisson sans bicyclette », qui tournait en ridicule l'absurdité d'une prétendue complémentarité entre femmes et hommes. Quarante ans plus tard, le collectif La Barbe s'appuie aussi sur les ressources de l'ironie pour rendre visible l'entre-soi masculin dans les lieux de pouvoir. L'humour est un retournement joyeux qui permet de désamorcer le poids des oppressions subies. « *Par le rire, on essaie d'expulser toute la négativité* », constate ainsi Crystal Chardonnay, performeur drag queen à Lille. C'est ce qu'ont aussi compris ces humoristes qui, dans le sillage de Florence Foresti ou de l'Australienne Hannah Gadsby, rompent avec les canons comiques misogynes. Elles s'appellent Laura Felpin, Rosa Bursztein ou Tahnee. Le public qui se presse à leurs spectacles est la preuve qu'il est possible de faire rire sans nécessairement (s')humilier. À bon entendeur, Chris Rock… ●

Emmanuelle Josse, corédactrice en chef de *La Déferlante*

DANS UN DRAG SHOW, RIRE C'EST UN BON MOYEN DE DÉDRAMATISER.

Crystal Chardonnay

24 ans, drag queen à Lille (Nord).

Certaines drag queens parlent de sujets sérieux, touchants ou graves, ce n'est pas mon cas. Ou alors je le fais très rarement. Pour moi, un drag show, c'est comme un exutoire, autant pour la drag queen que pour le public. D'autant plus que je fais essentiellement des soirées pour des personnes queer, dont le quotidien n'est pas forcément facile. Donc, par le rire, on essaie d'expulser toute cette négativité. Qu'importe le genre de la personne, l'idée, c'est vraiment qu'elle passe un bon moment. Le temps d'une soirée, on donne le droit aux gens d'être eux-mêmes, d'exprimer qui ils sont réellement, en leur offrant un environnement *safe*, le plus *safe* possible.

DU BAR-TABAC AUX SOIRÉES BINGO

C'est ça qui m'a donné envie de faire du drag. Quand j'ai commencé, il y a quatre ans, à Lille, je faisais partie des premiers. Je me suis d'abord produit dans un bar-tabac, puis dans des bars un peu plus grands avant d'avoir l'occasion d'organiser des soirées Bingo Drag à Saint-Sauveur [ancienne gare réhabilitée en lieu culturel]. Ça m'amusait beaucoup. Au fur et à mesure que je me produisais, j'ai commencé à réfléchir à la place de chacun. C'est très compliqué pour une personne queer de trouver sa place dans la vie de tous les jours et les drag shows sont justement un moyen de relâcher la pression et de se retrouver avec des personnes qui nous ressemblent. C'est la raison primordiale pour laquelle je fais du drag, et c'est aussi la raison pour laquelle je veux faire rire le public. Le rire, c'est un truc hyper communicatif et ça permet de transmettre une bonne énergie à tout le monde. Quand la salle rigole, ça nous fait super plaisir et ça crée un réel échange. Il y a même des gens du public qui lancent des petites vannes!

Moi, pour faire rire les gens, je ne me repose pas sur mon aspect physique ou mon corps, j'ai une esthétique qui est assez travaillée, qui n'est donc pas là pour faire rire. C'est plus au micro ou dans l'histoire que raconte la performance que je m'efforce d'être drôle.

Les drag shows peuvent être très différents, mais le plus simple pour entrer en matière, c'est vraiment de faire un bingo, classique. Comme quand tu joues avec ta grand-mère, sauf que là ce sont des drag queens qui présentent. Imagine une soirée avec quatre parties, et à la fin de chaque partie t'as une drag queen qui passe un temps infini au micro à réciter des numéros. Ça paraît hyper barbant dit comme ça. Mais c'est justement là qu'il faut être le plus drôle!

Parfois, c'est vraiment pas compliqué, le rire est très spontané. Par exemple, dans l'un de mes derniers spectacles, j'ai performé sur la chanson *René, Maurice et tous les autres* de Corine [chanteuse de disco-pop] et pendant tout le début du jeu, il y avait juste la musique, très lancinante, un peu stellaire, et moi, à moitié caché derrière un drap que je tenais sous les yeux. Et juste ça, ça a fait rire plein de monde, alors que je n'avais même pas encore commencé. Donc le rire arrive très naturellement et on n'a plus qu'à rebondir dessus.

LES GENS RIENT BEAUCOUP AVEC NOUS ET NON DE NOUS

Le jour de ma première scène, j'avais très très peur d'être moqué, avec le stress notamment, mais j'ai vite rigolé, surtout de moi-même. Je me rappelle que la scène était assez haute et qu'en voulant la descendre je me suis un peu tordu la cheville, bon bah, une fois que c'est fait, autant en rire. Et quand on est sur nos talons hauts, nous les drag queens, souvent on n'est pas très stables, et les chutes font partie intégrante de notre performance. Le public voit qu'on n'est pas à l'aise, il se moque et, en fait, ce n'est pas grave.

Il faut prendre ça à la légère, je ne pense vraiment pas que ce rire soit méchant. Moi, j'ai quand même l'impression que les gens rient beaucoup avec nous et non de nous. C'est peut-être aussi parce qu'on incarne pleinement notre personnage, notre féminité, on n'est pas là pour caricaturer les femmes. Alors que dans la culture populaire, quand on pense à Zaza et Renato dans *La Cage aux folles* par exemple, j'ai l'impression que les personnages jouent en se moquant des femmes, et les spectateurs se moquent d'eux à leur tour. Nous, on n'est pas du tout dans cette logique-là.

Notre rapport à ceux qui nous regardent est différent aussi. J'adore le moment, après le show, où j'échange avec les personnes du public, qui parfois viennent pour la première fois et qui sont très intimidées. J'essaie de faire une blague le plus vite possible pour détendre l'atmosphère et parce qu'il n'y a rien de mieux pour briser la glace. ●

Propos recueillis le 16 février 2022 à Lille par Nada Didouh, étudiante à l'École supérieure de journalisme de Lille, en alternance à *La Déferlante*. Dans la retranscription de cet entretien, nous avons fait le choix de restituer les propos tenus sans les décliner en écriture inclusive (lire la note de la correction page 145).

> « Dans la culture populaire, quand on pense à Zaza et Renato dans *La Cage aux folles*, les personnages jouent en se moquant des femmes, et les spectateurs se moquent d'eux à leur tour. Nous, on n'est pas du tout dans cette logique-là. »

LES MEILLEURES BLAGUES SONT FÉMINISTES

RIRE | FOCUS

Le trio d'humoristes Le Comédie Love, 2020. De gauche à droite : Lucie Carbone, Mahaut et Tahnee.
JACQUES-HENRI DEIM

Depuis quelques années, une génération d'humoristes emporte l'adhésion de son public en déconstruisant les stéréotypes de genre. De quoi ringardiser pour de bon les saillies sexistes d'un Jean-Marie Bigard ? Rien n'est moins sûr : dans l'univers hyper concurrentiel du stand-up, la pratique de l'humour féministe n'est pas toujours chose aisée.

TEXTE **Anne-Laure Pineau**
(Lire sa bio page 144.)

Blanche Gardin s'avance, seule en scène. Dans la salle du théâtre parisien L'Européen, un public composé essentiellement de « bobos » venu·es assister, un soir d'automne 2018, à son spectacle *Bonne nuit Blanche*. Je suis assise entre deux couples trentenaires hétérosexuels et blancs et une grande actrice (qui, contrairement à la chanson, ne semble pas avoir touché le fond de la piscine). L'humoriste est alors en pleine ascension : chargée quelques mois plus tôt de présenter la cérémonie des Césars, alors que la tempête #MeToo commençait tout juste à gronder, elle avait multiplié les traits d'humour sur ces actrices qui *« couchent pour avoir des rôles »*. À l'époque, un peu chamboulée, je m'étais rangée à l'avis de la majorité : ce devait être du dixième degré.

Mais au théâtre ce soir-là, plus les minutes avancent, plus je me ratatine sur la banquette. Entre deux franches rigolades, Blanche Gardin verse dans le *« je suis féministe mais »*, sort des gags sur le harcèlement sexuel, les tenues des victimes, sur le fait que contrairement à « *pédé* », « *gouine* » ne serait pas une insulte… Alors que ces blagues font hurler de rire la salle, je me sens trahie à un endroit très intime, mon humour. Une sortie sur les actrices de plus de 50 ans, présentées comme des tables en teck sur lesquelles *« aucun homme ne pourrait se branler »*, finit de me rendre malade, moi et la grande actrice calfeutrée derrière ses lunettes de soleil, qui partira sans mot dire. Le public se dissout dans la ville, extatique. On salue un humour dérangeant et féministe à la fois, parce qu'il ose tout. Qu'est-ce que le rire féministe ? Un outil militant ou la manifestation d'une liberté chèrement acquise par les femmes ?

En France, les comedy clubs, comme les chroniques radio, sont des laboratoires d'analyse des rapports de force qui traversent la société à un instant T. Ce n'est pas un hasard si l'humoriste Arnaud Demanche a choisi d'intituler en 2021 son spectacle *Blanc et Hétéro* : il y met en scène son identité de Versaillais en couple avec une *« féministe d'extrême gauche »*. Il tente de se réapproprier un pré carré, qui aurait été perdu par les membres de ce qu'il appelle *« son club »*.

Car le rire « *engage une définition sociale de soi : il combine étroitement un principe d'identité ("qui tu es") et un principe d'opposition ("contre qui tu ris"), il exprime une connivence de classe unifiée dans l'opposition à d'autres* », explique la sociologue Laure Flandrin dans *Le Rire, enquête sur la plus sociabilisée de nos émotions* (La Découverte, 2021). Avant les révolutions culturelles des années 1960 et 1970, rire à gorge déployée et faire rire passait pour de la vulgarité quand on était une femme. L'humour était destiné, comme l'alcool, la cigarette ou les conversations politiques, à la sociabilité masculine. Avec la télévision allumée le soir dans beaucoup de foyers, les familles vont se régaler de sketchs bourrés de testostérone. On rit en connivence avec les classes populaires (Fernand Raynaud[1], Coluche), on se moque du pouvoir, notamment en imitant les figures politiques (Thierry Le Luron, les Guignols de l'info), ou on épingle les travers d'une société qui bouge, à la manière d'un Pierre Desproges ou d'un Raymond Devos. Les épouses, les belles-mères, les Arabes, les Noir·es, les homos, les personnes asiatiques se retrouvent dans des gags pensés en très grande majorité par et pour les hommes blancs hétérosexuels.

DES RESSORTS SEXISTES DANS 71 % DES CHRONIQUES RADIO

Dans les années 1990, certains représentants de ce canon viril fédèrent un public au détriment explicite des femmes et des minorités : ils ont pour nom Michel Leeb, Jean-Marie Bigard (dont l'un des numéros les plus connus s'intitule *Le lâcher de salopes*…) ou les Inconnus. Dans le sketch télévisé *L'hôpital*, ces derniers parodient des aides-soignantes antillaises avec blackfaces et postérieurs postiches. Les décennies qui suivent ne sont pas en reste : en 2017, l'animateur Tex jette sur le plateau du jeu « Les Z'amours » : « *Les gars, vous savez ce qu'on dit à une femme qui a deux yeux au beurre noir ? On lui dit rien, on vient déjà de lui expliquer deux fois.* » Son licenciement provoque une levée de boucliers : « *C'est un retour de la censure* », dénonce Stéphane Guillon au micro d'Europe 1.

En 2019, dans son « Premier état des lieux du sexisme en France », le Haut Conseil à l'égalité entre les femmes et les hommes fait le constat que l'on rit des femmes et non avec elles : 71 % du panel de chroniques radio analysées par cette institution mobilisent des ressorts sexistes. Nelly Quemener, autrice de l'essai *Le Pouvoir de l'humour. Politiques des représentations dans les médias en France* (Armand Colin, 2014) nous explique que depuis les années 1980 le discours disqualifiant est structurant du rire français : « *La moquerie des femmes et les propos misogynes sont présentés d'autorité par certains humoristes comme la mise en scène d'une masculinité beauf. Si l'on prend Guy Bedos, il a beaucoup reproduit de masculinités détestables et a instauré malgré tout une forme de disqualification des femmes.* »

« *[L'humour] est une liberté, un regard distancié, une arme également pour attaquer les bastions qui résistent depuis des siècles. Voilà pourquoi je ne fais pas de différence entre humour féminin et humour féministe* », écrivait Benoîte Groult[2]. Aurais-je fait une erreur de jugement avec Blanche Gardin ? Peut-être se réapproprie-t-elle un humour oppressif jusqu'ici réservé aux hommes ?

---

[1]. Aujourd'hui oublié, Fernand Raynaud (1926-1973) mettait en scène le Français des classes moyennes face aux bouleversements des Trente Glorieuses.

[2]. « Une joyeuse complicité », préface d'*Au rire des femmes* de Monique Houssin et Élisabeth Marsault-Loi (Le Temps des cerises, 1998).

LE DILEMME DE LAURENT SCIAMMA

« Le mâle du futur » (*Paris Match*), « Drôlement féministe » (*Télérama*), « Gentil Homme » (*Libération*)… les journaux ne tarissent pas d'éloges sur l'humoriste Laurent Sciamma et son one-man-show *Bonhomme*. « *J'ai travaillé à faire quelque chose à la hauteur du vide d'une parole masculine utile et solidaire* », explique au téléphone cet homme incontestablement éduqué avec un souci féministe. Quand on lui demande si son succès ne relève pas, malgré tout, de l'appropriation, il reconnaît s'être interrogé sur le bien-fondé de son entreprise : « *J'ai eu peur que s'emparer de ce sujet puisse ressembler à de l'opportunisme, j'ai tout fait dans le spectacle pour qu'il y ait une dimension militante… pas juste moi qui me présente comme un mec bien* », se défend-il. La sociologue Nelly Quemener, de son côté, trouve intéressant que des paroles masculines participent à une forme de réflexivité, d'autodérision sur la masculinité blanche. Ce qui, elle, la questionne davantage, « *c'est la façon dont le féminisme a fini par devenir quelque chose de l'ordre de la respectabilité masculine urbaine et éduquée* ».

Car le one-woman-show est une victoire très récente. Après Mai 68, le développement du café-théâtre ouvre un espace inédit aux femmes humoristes, explique encore Laure Flandrin : *« La libération du rire des femmes, du moins sa publicisation, est présentée comme une conquête durable du féminisme. »* Celles qui sont parvenues à percer le plafond de verre, Jacqueline Maillan[3], Muriel Robin, Valérie Lemercier, Anne Roumanoff, entre autres, sont perçues comme des exilées volontaires du *« marché à la bonne meuf »*, pour reprendre l'expression de Virginie Despentes, et ont gagné le droit de faire rire. Mais si leur travail peut s'interpréter comme une geste féministe, l'était-il dans l'intention ? Pas forcément, selon Nelly Quemener : *« Dès les années 1970, on demandait à Maillan si elle était féministe, ce qu'elle rejetait fermement. Les humoristes se sont trouvées très vite confrontées à cet effet de réception, et beaucoup ont noué un rapport compliqué à ce qui sonnait comme une injonction. Cela ne fait que dix ou quinze ans que l'étiquette du féminisme est perçue comme positive. »*

LE TOURNANT FLORENCE FORESTI

C'est le stand-up, dans les années 2000, qui va changer les choses. Dans ce type de mise en scène venu des États-Unis, les comédien·nes partagent avec le public des confidences réalistes vécues depuis un point de vue situé. Des personnes racisées comme Omar et Fred, Éric et Ramzy ou toute la clique du Jamel Comedy Club inventent de nouvelles façons de rire, par et pour les minorités. *« Le rire est compris comme une réponse défensive aux mille et une vexations qui accompagnent le statut des dominés et vaut comme stratégie de reclassement symbolique face à l'humiliation »*, estime la sociologue Laure Flandrin. Et cela fonctionne : *Mother Fucker*, le spectacle de stand-up que Florence Foresti consacre à la grossesse, reçoit le globe de cristal du meilleur one-man-show en 2010. TF1 totalise 40 % de la part d'audience des fameuses « ménagères de moins de 50 ans » lors de sa diffusion. D'un coup, des expériences vécues par des femmes deviennent des arguments de vente.

Il est désormais monnaie courante de voir les humoristes féministes – comme Bérengère Krief, Camille Lelouche, Shirley Souagnon, Claudia Tagbo… – faire salle comble ou rencontrer un grand succès à la télévision, telles également Alison Wheeler et Laura Felpin dans l'émission « Quotidien ». Parmi ces têtes d'affiche, Océan qui, sous le nom de scène Océanerosemarie, a proposé dès 2005 *La Lesbienne invisible*. Ce one-woman-show lesbien et féministe a connu un franc succès chez les personnes concernées, mais pas que : *« Il me semblait logique à l'époque d'inverser le regard, plutôt que de me foutre de la gueule des lesbiennes. Je racontais mon histoire pour dire aux hétéras "regardez-vous" »*, explique le comédien, qui a fait depuis son coming out d'homme trans.

Pour Rosa Bursztein, qui vient de publier *Les mecs que je veux ken* (Les Arènes, 2022) tiré de son spectacle, le rire est un outil de propagande féministe. *« Au moment de l'affaire Hulot, j'avais fait un plateau au Barbès Comedy Club où j'imitais les personnes qui lui trouvaient des excuses. Un jeune homme m'a dit "je ne suis pas féministe, mais tu m'as convaincu". C'est ma façon de militer par le rire »*, s'amuse-t-elle. Mais ces humoristes évoluent dans un véritable boy's club. Pour Nelly Quemener, les succès du triumvirat Foresti, Robin et Gardin (toutes les trois des femmes blanches) cachent une dure réalité : *« Avec un ratio de 20 hommes pour 3 femmes, il est plus difficile pour une humoriste, une personne racisée ou LGBT d'émerger et perdurer. »* Si la proposition pléthorique des one-man-shows permet de rire sur à peu près tous les sujets, les femmes affrontent plusieurs niveaux de disqualification. La comédienne Tahnee, noire et lesbienne, s'est confrontée à plusieurs d'entre eux : *« Les festivals d'humour sont toujours tenus par des mecs de 50 ans blancs cis hétéros. Je les bouscule avec ce que je propose, et ils compensent avec des*

Les humoristes Florence Foresti (à gauche) maîtresse de cérémonie et Laura Felpin aux Césars 2020, marqués notamment par l'attribution du césar du meilleur réalisateur à Roman Polanski et le départ de la salle par l'actrice Adèle Haenel et la réalisatrice Céline Sciamma.
BERTRAND GUAY / AFP

3. Grande actrice de théâtre de boulevard, Jacqueline Maillan (1923-1996) s'est lancée avec succès dans le one-woman-show à la fin de sa carrière.

RIRE | FOCUS

> « L'AUTODÉPRÉCIATION DE LA PART DE QUELQU'UN QUI VIT DÉJÀ EN MARGE DE LA SOCIÉTÉ, CE N'EST PAS DE L'HUMILITÉ, C'EST DE L'HUMILIATION. »
>
> Hannah Gadsby

4. Voir l'interview de Hannah Gadsby dans le n° 4 de *La Déferlante*.

humoristes plutôt old school. » Même si elle a son univers bien à elle, elle est souvent comparée à Shirley Souagnon, autre humoriste noire et lesbienne, *« comme s'il ne pouvait y en avoir qu'une seule en France »*. Face aux programmateurs, Rosa Bursztein a été confrontée au même écueil : les blagues de cul étaient déjà prises. *« Au lieu de se dire "Blanche Gardin fonctionne : ouvrons les portes", on les referme »*, déplore la comédienne.

« Sur certains plateaux, dans les festivals en région, il y a un énorme héritage de misogynie et d'homophobie ordinaires, et les femmes invitées sont présentées comme des atouts charme », constate Yohann Lavéant, directeur pédagogique de l'École du one-man-show, qui existe depuis vingt-sept ans. L'humour s'est féminisé – dans l'établissement, la moitié des 150 élèves inscrit·es et des profs sont des femmes – et sa dimension politique sert désormais d'autres fins : *« Si on fait un colloque sur le féminisme, le public est acquis à la cause ; avec un spectacle d'humour, on peut faire passer un message à tout le monde. »* Depuis plusieurs années, les stagiaires bénéficient de cours sur l'éthique de l'humour : *« Le black face, tout le monde sait que c'est interdit ; il faut enseigner ce qu'est l'humour oppressif, expliquer la différence entre utiliser un cliché et le véhiculer »*, conclut-il.

L'UTILISATION DE CERTAINS CLICHÉS S'AVÈRE NÉFASTE

Blanche Gardin commence son spectacle en mobilisant les codes d'autodérision identitaire propre au stand-up : *« Je suis une femme blanche, hétéro, âgée de 41 ans, consommatrice d'anxiolytiques : ce n'est pas une identité, c'est un cercueil. »* Ce ressort comique, la comédienne australienne Hannah Gadsby[4] l'a démonté dans son spectacle Nanette. *« J'ai bâti ma carrière sur l'autodépréciation. De la part de quelqu'un qui vit déjà en marge de la société, ce n'est pas de l'humilité, c'est de l'humiliation. »* Une analyse qui a marqué de nombreuses comédiennes, comme Rosa Bursztein : *« Ça m'a profondément troublée. Certains clichés sont néfastes, c'est ringard de faire des blagues sur les femmes qui simulent… Désormais quand on me dit que je parle trop de cul, je me dis que je n'en parle pas assez. »* Même remise en question pour Océan : *« Quand je me percevais comme une femme, je n'avais pas de problème à jouer des personnages de femmes oppressantes [par exemple une bourgeoise parlant de sa femme de ménage]. Mais je me rends compte aujourd'hui qu'inconsciemment, focaliser sur des personnages uniquement féminins était aussi une façon d'éviter les représailles que subit irrémédiablement une femme – lesbienne qui plus est – qui s'attaque aux hommes. »* D'autres ont choisi le soft power. Dans le ventre d'une péniche amarrée près de Notre-Dame, Tahnee et ses camarades Lucie Carbone et Mahaut ont créé le Comédie Love, une scène qui propose *« un savant mélange de Love, d'engagement, et de laul »* [laul pour lol] et sur laquelle les blagues s'inventent en confiance avec le public. *« C'était aussi pour qu'on se sente le plus à l'aise possible pour tester des blagues communautaires, pour jouer, essayer, avec les nôtres. Quand tu as un public qui ne vit pas la même chose que toi, c'est un peu plus dur,* explique Tahnee. *Ce petit nid bienveillant permet progressivement de gagner du pouvoir. »* ●

POURQUOI LUTTEZ-VOUS ?

Des membres du collectif La Barbe, à Paris, devant le Panthéon, le 19 mars 2022.
MARIE DOCHER POUR *LA DÉFERLANTE*

LES BARBUES
À L'ASSAUT DU POUVOIR

C'est avec un art consommé qu'elles prennent les puissants à rebrousse-poil. Depuis plus de dix ans, les membres du groupe féministe La Barbe se sont fait une spécialité d'envahir conseils d'administration et autres réunions de pouvoir affublées de fausses barbes, pour mieux dénoncer l'entre-soi masculin. Quatre d'entre elles, Alix Béranger, Élodie Cellier, Colette Coffin et Sarah Vermande, racontent comment le rire peut être une arme politique.

1. Alix Béranger est membre du comité éditorial de *La Déferlante*.

2. Voir le portfolio du numéro 2 de *La Déferlante*.

PHOTO DE LA PAGE PRÉCÉDENTE
Marie Docher pour *La Déferlante*
Photographe, réalisatrice. Membre des collectifs La Barbe et La Part des femmes qui défend la place des femmes photographes. Elle a créé la plateforme visuelles.art : ce que le genre fait à l'art.

Comment en êtes-vous venues à mobiliser le rire dans votre action militante?
ALIX BÉRANGER[1] La Barbe a été créée en 2008, environ un an après la campagne présidentielle. Nous avons commencé à nous mobiliser parce qu'il y avait beaucoup d'ironie et de moqueries autour de la candidature de Ségolène Royal, l'une des seules femmes médiatisées durant cette élection. Elle était constamment décrédibilisée et renvoyée à la figure de la femme hystérique, mais toujours sur un ton humoristique. Paradoxalement, ceux considérés comme de grands hommes politiques étaient justement appréciés pour leur humour et leur côté bon vivant. Nous avons voulu retourner cet humour, et surtout cette ironie, contre eux. En pointant ces hommes et leur sexisme, mais aussi leur manière de faire de la politique ensemble, et rien qu'ensemble.

Comment se déroule une action?
COLETTE COFFIN Déjà, il faut trouver une cible. On n'a rapidement plus eu besoin d'en chercher: beaucoup de gens nous écrivent pour nous en proposer, tellement il y a d'événements en quasi-non-mixité masculine. Il y a tout un rituel: on commence par écrire un tract à plusieurs mains, qui félicite nos cibles. Rien que dans ce processus, on rigole déjà beaucoup. Puis on investit le lieu de l'action: souvent, lorsque l'événement commence, on monte sur scène, avec nos fausses barbes pour les féliciter de vive voix, on lit notre tract et on le distribue.

Pourquoi passer par l'ironie pour dénoncer la surreprésentation des hommes dans les instances de pouvoir?
ALIX BÉRANGER L'ironie a été une arme de destruction massive contre les femmes. En retour, on inverse la balance: cette fois, on se moque de leurs actions, on les rend ridicules. C'est assez marrant de voir ce décalage de générations entre nous et ces vieux mecs imbus d'eux-mêmes. C'est aussi évident de choisir l'ironie comme mode d'action militant quand on observe le ridicule du spectacle médiatique et politique actuel. L'activisme par le rire n'est pas inédit. La Barbe s'inscrit dans le sillage de collectifs tels qu'Act Up Paris (association dans laquelle une cofondatrice de La Barbe, Marie de Cenival, a milité) ou les artistes et activistes états-uniennes les Guerrilla Girls[2].

Quelles sont les réactions de vos adversaires politiques face à vos performances?
SARAH VERMANDE Elles sont multiples, on ne peut jamais les prévoir. Une fois, lors d'une action à l'opéra Bastille pour protester contre le programme qui était très masculin, pendant qu'on distribuait des tracts, un homme m'a dit: «Merde! Trouvez-vous un mari!» Je lui ai répondu en avoir déjà un, ce à quoi il a rétorqué: «Trouvez-vous-en un deuxième!» Ce qui montre qu'eux aussi, parfois, peuvent avoir de l'humour! Certains sont capables de voir nos actions comme de véritables spectacles purement informatifs. Comme nos interventions sont drôles, cela dédramatise la situation. On espère que, dans un second temps, ça les fait réfléchir. Il y a aussi des endroits où l'on est presque en terrain conquis, comme lors d'une action au théâtre de l'Odéon. Lorsque j'ai lu le tract, beaucoup de sympathisant·es l'ont relayé, nous ont filmées, et ont lancé une salve d'applaudissements.

ÉLODIE CELLIER Le capital sympathie qu'offre l'humour nous aide. Dans le public, il peut y avoir des gens pas complètement campés sur leur position. Et puis, dans certains milieux, il est plus difficile de taper sur une féministe qui rigole. Il y a aussi des réactions vraiment ridicules : lors d'une action dans un congrès de psychanalystes (qui sont normalement des personnes sensées !), la salle a été évacuée avant même qu'on puisse terminer notre action. Il est aussi arrivé que l'on soit accueillies avec beaucoup de violence, comme lors d'une action musclée dans un événement organisé par des francs-maçons, c'était la première fois qu'on portait plainte. Ou bien lorsque l'on a été violemment expulsées d'un débat organisé par le magazine d'extrême droite *Valeurs actuelles*, où il y a eu plusieurs blessées. Nous avons aussi porté plainte.

Ce n'est donc pas forcément si simple de porter un message politique par le rire ?
ÉLODIE CELLIER Non, mais ça peut nous être utile. Lors d'actions violentes qui peuvent être très difficiles à vivre, il y a toujours un moyen de tourner ces événements en dérision. L'humour nous protège, car on rit avant et après l'action. L'ironie ou le rire peuvent être un beau bouclier, avec un effet cathartique de soulagement face à la violence. Et cette force nous donne envie d'y retourner, même lorsque l'on a conscience qu'on va faire face à des moments lourds ! On en sort toujours gagnantes.

En quoi l'humour est-il un moteur pour vous ?
ALIX BÉRANGER C'est extrêmement fédérateur. Beaucoup de militantes ne nous auraient pas rejointes s'il n'y avait pas eu cette dimension humoristique. Nous ne sommes pas dans un rire gras, mais dans un rire intelligent.
SARAH VERMANDE Il n'y a rien de plus satisfaisant que de faire de l'activisme par l'humour. Il peut être reproché aux militantes d'être un peu trop sérieuses, pas forcément accessibles. On essaie de désamorcer ce cliché immédiatement, avec une dimension ludique.
COLETTE COFFIN Et ceci dès la confection du tract distribué durant nos actions. On commence par les féliciter, on n'est jamais critiques. On scande des « Bravo messieurs ! », « Continuez, ne changez rien ! ». La lecture du tract est un grand moment, car nos ennemis politiques se sentent désarmés, ou parce qu'ils ne veulent vraiment pas nous entendre. Ce processus fonctionne comme une pièce de théâtre humoristique, avec un scénario bien ficelé, de la conception de l'action à la réaction de ceux qui en sont spectateurs.

Est-ce que votre méthode a pu servir à décrédibiliser d'autres modes d'action militante ?
ALIX BÉRANGER Dès le départ, le fait d'utiliser l'ironie pour militer s'est presque retourné contre nous. Quand on a commencé nos actions, on s'est rendu compte que certains médias étaient attirés surtout par le côté humoristique de notre activisme et très peu par le message féministe véhiculé. Surtout, ils se servaient de nous pour discréditer d'autres groupes féministes. Nous étions présentées comme des « néo-féministes ! » capables de rire. Pour eux, c'était fou. On pouvait lire des choses du genre « vous rompez enfin avec le féminisme de vos mères, ces femmes austères, ces chiennes de garde ! ». C'était une belle occasion pour la presse de décrédibiliser les autres féministes, présentées sous la caricature de femmes hystériques, pas drôles, mal baisées, etc. On a donc dû réfléchir à la façon d'éviter les comparaisons fallacieuses et se préparer à y répondre. Il y a chez les féministes une longue tradition d'utilisation de l'humour – notamment dans les slogans –, dans laquelle on tente de s'inscrire. Heureusement, aujourd'hui, le militantisme par le rire est aussi analysé comme intelligent, et le militantisme féministe est beaucoup moins caricaturé, ce qui donne de l'espoir. ●

Entretien réalisé le 10 février 2022 en visioconférence par Christelle Murhula, journaliste indépendante, membre du comité éditorial de *La Déferlante*.

« L'ironie ou le rire peuvent être un beau bouclier, avec un effet cathartique de soulagement face à la violence. Et cette force nous donne envie d'y retourner ! »

Élodie Cellier

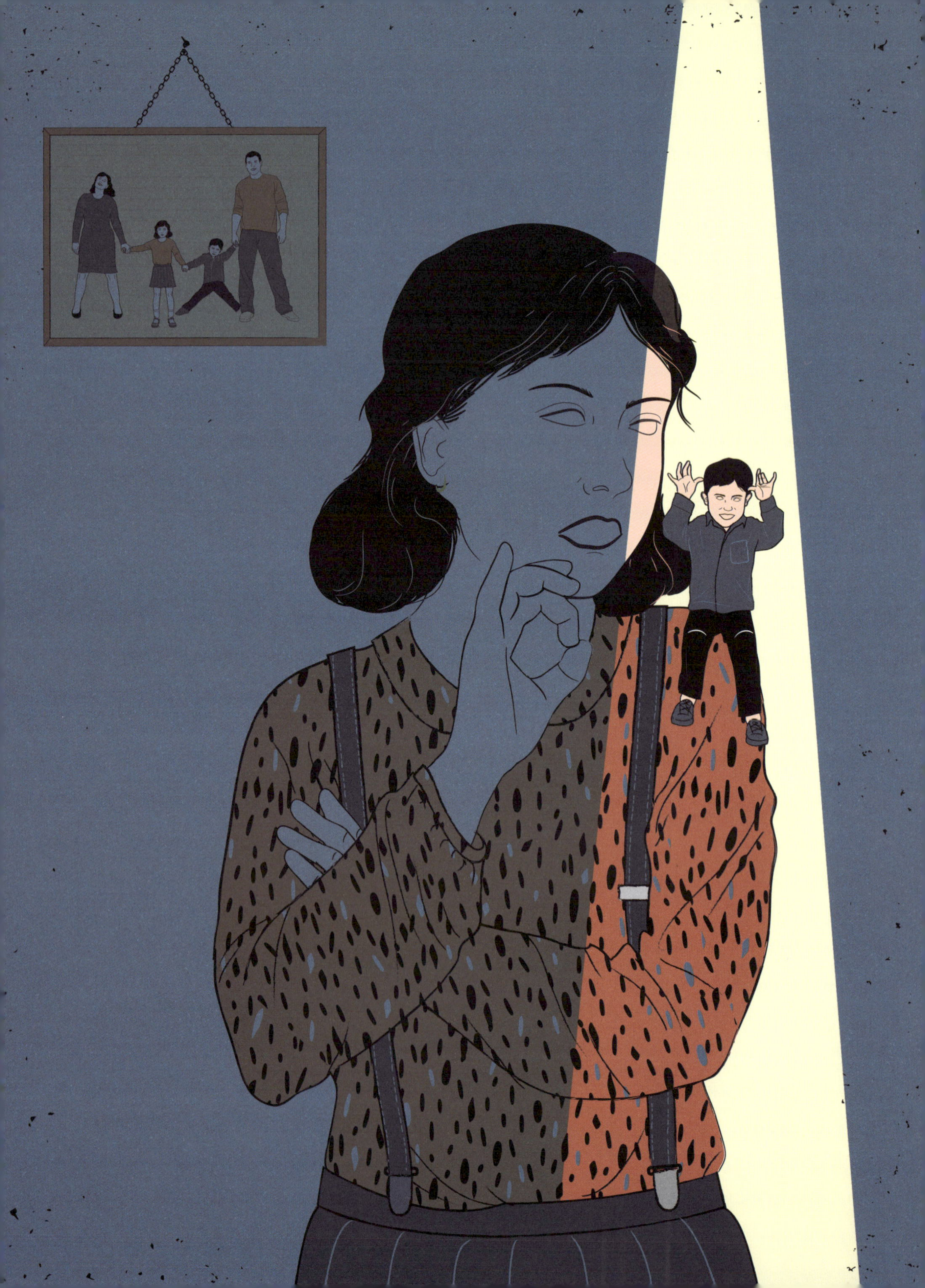

RIRE | RÉCIT

OUH OUH!

TEXTE
Nathalie Kuperman

ILLUSTRATION
PALM
pour *La Déferlante*

(Lire leurs bios page 144.)

Dans toutes les familles, il y a les enfants qui arrachent des rires et les enfants qui récoltent des grimaces. La narratrice le sait bien : son petit frère ne cesse de faire s'esclaffer ses parents, alors qu'elle ne reçoit de leur part qu'une attention polie. Prête à tout pour prouver qu'elle est drôle, elle va découvrir que le rire est l'arme du diable.

D ès que mon frère ouvrait la bouche, mes parents fondaient. Sourire aux lèvres, larmes au coin des yeux, regards émus échangés, *Qu'est-ce qu'il est drôle !*

Vlan ! Je prenais ça dans la figure.

J'avais huit ans, Charles, mon frère, en avait quatre. Nous habitions rue Nobel, à Paris, dans le 18e arrondissement. C'était un petit trois-pièces sans salle de bains. Nous nous lavions au bidet et la vie s'écoulait sans que je me demande si une douche aurait changé quoi que ce soit dans mon existence. Les choses qui n'existent pas, nous ne les désirons pas. À huit ans, ce n'était pas le sujet dans la cour de récréation. Le sujet, c'étaient les garçons qui ouvraient les portes des toilettes sans verrou pour voir les filles faire pipi. Le sujet, c'étaient les rires que ça provoquait quand l'un d'eux avait surpris une fille qui n'avait pas réussi à se faire accompagner par une copine pour lui tenir la porte. Tout le monde riait, y compris les autres filles, trop heureuses de ne pas être celle sur laquelle la honte venait de tomber comme un couperet. La sororité, une blague ! On y repense des années plus tard, et on déteste son rire moutonnier. Parce que, oui,

MES PARENTS ME PRIRENT RENDEZ-VOUS POUR UN SUIVI PSYCHOLOGIQUE. CHARLES, EN ME VOYANT FAIRE LE SINGE, POUFFAIT DE RIRE. ET C'EST SON HILARITÉ QUI PROVOQUAIT LE SOURIRE DE MES CONNARDS DE PARENTS, PAS MOI.

moi aussi je m'étais moquée de cette fille qui avait accordé sa confiance au monde entier, ou qui, peut-être, n'avait pas l'amie qui aurait accepté de la protéger. Le mauvais rire ; celui par lequel j'avais tenté de m'associer au groupe mais qui m'avait irrité la gorge. Celui que j'étoufferais de toutes mes forces pour qu'il s'éteigne, si je pouvais revenir en arrière.

Mon frère, lui, provoquait des rires de bonne qualité.

Quand j'ai lu, des années plus tard, la dernière phrase d'*Une vie* de Maupassant, « *La vie, voyez-vous, ça n'est jamais si bon ni si mauvais qu'on croit* », j'ai immédiatement repensé au bidet de la rue Nobel. C'est l'époque où je voulais m'appeler Jean-Michel. Ma mère, malgré mes supplications, refusait de se plier à mon désir. Au-dessus du bidet, parce que c'est un des endroits où j'aimais me raconter des histoires, je m'appelais Jean-Michel et je tombais amoureuse de Claire, la fille de ma classe la plus douée, la plus belle. Et j'étais désespérée de ne sentir, en me lavant, qu'une cavité. Pourquoi la phrase de Maupassant était-elle associée à ce sentiment qu'il me manquait quelque chose ? Peut-être que le « *ni si bon ni si mauvais* » me donnait un petit coup sur le museau : mais, qu'as-tu, toi, à vouloir une vie qui penche vers un désir ?

Revenons à Charles. Un soir de novembre – je m'en souviens parce qu'il faisait très froid, mon frère, Charles, dans la salle à manger, improvisa un sketch qui fit mourir de rire mes parents. Je ne me souviens plus du sketch, mais je me souviens de ma mère, hilare, répétant à l'envi *Je vais faire pipi dans ma culotte*. Jean-Michel, en moi, a raillé en écho *Je vais faire caca dans mon slip*. Ma mère m'a jeté un sale œil tandis que l'autre pleurait de rire. Mon père, lui, extatique devant mon frère, bavait *Il est tellement drôle*.

De cette période, j'ai le vague souvenir de moi tentant des plaisanteries, des blagues à deux balles entendues dans la cour d'école, ne recueillant que des rires contraints. *Ma chérie, cesse de faire des efforts, tu n'es pas drôle, ne sois pas jalouse, ton frère a la fibre comique, et tu ne l'as pas*, pensaient très fort mes parents.

Je n'ai cessé, depuis ce jour, de vouloir faire rire. Jean-Michel me soufflait à l'oreille : *Si tu ne parviens pas à être drôle, tais-toi !* J'ai repoussé Jean-Michel ; on ne me parle pas comme ça ! Et je n'aurais pas besoin d'un Ouh Ouh entre les jambes pour me prouver que j'étais à la hauteur d'une vie.

Ouh Ouh, c'était le singe en peluche que m'avaient offert mes parents. Il s'appelait comme ça. Il avait une longue queue. Je la lui ai coupée en empruntant les ciseaux de cuisine et je l'ai installée en haut de mes cuisses, juste pour voir comment ça faisait. Et ça ne me faisait rien du tout. Du tout du tout du tout. J'étais déçue. Jean-Michel ricanait mais je l'ignorais superbement.

– Pourquoi un singe ? ai-je demandé à ma mère.
– Parce qu'il fait des grimaces, comme toi, ma chérie. Tu es forte en grimaces. Tu l'as mis où, ton singe ?

J'indiquai à ma mère le singe allongé dans mon lit de telle sorte que seule la tête émergeait d'entre les draps.

Prise de culpabilité (j'avais amputé le singe d'une partie importante de son corps), j'ai fourré Ouh Ouh dans la poubelle en prenant soin de le recouvrir de toutes les cochonneries. Le lendemain, je le pleurai. Mes parents l'ont cherché pendant des semaines alors que je savais qu'il avait pris le chemin de On ne se reverra jamais.

Ils me rachetèrent le même singe pour me consoler, mais je refusai de l'appeler Ouh Ouh, refusai de le toucher, refusai qu'il dorme dans mon lit. Mes parents s'étonnaient, *On croyait qu'il te manquait, tu n'es pas contente ?* Pour les faire rire, je me suis mise toute nue et j'ai sauté dans l'appartement en faisant *Ouh Ouh* et en me frappant la poitrine.

– Je suis un singe, disais-je, je viens de la jungle et j'aime les bananes, et les lianes, et les Éliane ! (Ma meilleure copine s'appelait Éliane, je voulais l'inclure dans ma poésie.)

Mes parents prirent rendez-vous pour un suivi psychologique. Charles, lui, en me voyant faire le singe, pouffait de rire. Et c'est son hilarité qui provoquait le sourire de mes connards de parents, pas moi.

J'entamai des séances au centre Étienne-Marcel. Mme This, une psychologue très gentille et très patiente, attendait que je lui parle de choses importantes. *Tais-toi, ne lui dis rien !* soufflait Jean-Michel dans mon oreille. Mais moi, j'avais envie de la faire rire. *Quelle est la différence entre un poisson et un sachet de pommes de terre ?* Je ne connaissais pas la réponse mais je m'en fichais. Elle aussi, apparemment. *Pourquoi une libellule se met-elle à pleurer quand elle croise un papillon ? Vous savez pourquoi les marguerites ont des dents ? Pour croquer les doigts de celui qui crie À la folie.* Le rire, jamais, ne venait. Quelque chose en moi devrait accepter l'impossibilité d'un sourire venant de l'autre. J'étais devenue un paravent à la joie, un obstacle à la gaieté, une impuissance à faire naître ce hoquet qui vient du ventre et qui explose en éclat de rire. Ma psychologue, souvent, m'a proposé de manipuler de la pâte à modeler pour exprimer mes frustrations. J'ai pétri, furieusement.

J'avais huit ans. Je revenais de l'école, seule. Je ne voulais plus que mes parents se pointent devant les grilles comme des chimpanzés, s'agrippant aux barreaux pour guetter ma sortie et lançant des *Ouh Ouh* dès qu'ils m'apercevraient. La seule rue à traverser était gardée par une dame en uniforme qui arrêtait les voitures pour que les enfants ne courent aucun danger. Il n'était donc plus question de rentrer accompagnée par un père ou une mère, ou les deux. (Ma mère était traductrice, mon père dessinateur ; c'est dire que venir me chercher à l'école leur fournissait le prétexte d'une petite balade.)

J'avais huit ans et Ouh Ouh s'est introduit derrière moi tandis que j'entrais dans le hall de mon immeuble. Il portait un manteau blanc et long à bouclettes de laine.

– Hé, petite fille, est-ce que tu sais ce que veut dire spermatozoïde ?

Il me parlait. J'ai demandé si Zoïde était un clown. Je confondais avec le personnage d'un dessin animé qui s'appelait Zidoïde. Ouh Ouh a éclaté de rire. Il riait. Lui, il riait ! Pas comme mes copains, pas comme ma psychologue, pas comme mes parents auxquels je n'arrachais pas le moindre déhanchement des mâchoires. Je l'aimai immédiatement. Il m'a proposé de gravir les marches pour atteindre le palier du premier étage. Pour lui plaire, j'ai répété le mot *serpatozoïde*, il a ri encore, et j'ai ri avec lui. Il m'a caressé les cheveux, il a appuyé sur ma tête pour m'obliger à me pencher vers son entrejambe, et, puisque c'était un magicien, j'ai eu son Ouh Ouh dans la bouche avant d'avoir le temps de dire ouf. J'ai recraché sa semence ; il a remonté sa braguette en se traitant de salaud. Puis il m'a fait promettre de n'en parler à personne. Ce serait notre secret. J'ai promis. Il a dévalé les escaliers, j'ai monté un étage en m'essuyant la bouche avec un Kleenex (j'habitais au deuxième) et, devant ma mère qui me trouvait triste figure, je suis restée muette.

J'ai payé très cher le plaisir d'avoir fait rire le premier homme de ma vie. Une blagounette ? Une braguette qui descend, un jet de sperme. Jean-Michel, qu'est-ce que tu dis de ça ?

J'ai chassé Jean-Michel. Il ne m'aidait en rien. Pendant les années qui ont suivi le désastre, j'ai cessé de vouloir faire rire. Mes parents se sont réjouis du bon effet qu'avait eu la psychothérapie sur moi. Plus d'éclats, plus de blagues idiotes et gênantes devant les convives. J'étais calme, disciplinée et je pinçais Charles dès que j'en avais l'occasion. J'enfonçais mes ongles dans la chair de son avant-bras et je tournais jusqu'à ce que le sang vienne. J'étais fascinée par la facilité à faire du mal. Je pratiquais le chantage : *Si tu parles, je me vengerai dans la nuit en te coupant le zizi.* Je devais être convaincante ; il se bouchait le nez pour s'empêcher de hurler. Je me demandais pourquoi le nez et pas la bouche. On ne crie pas par le nez. Mon frère était atypique. Je le détestais quand il était avec les parents, mais je savourais son côté ver de terre quand il se traînait à plat ventre dans la chambre, le visage penché vers la moquette, les yeux exorbités et la langue pendante. Pauvre enfant, c'est dans cette posture qu'il réfléchissait. Il envisageait l'avenir. Il deviendrait énarque. Mais dès qu'il passait à table, casé entre son père et sa mère, il reprenait de sa superbe. Et mes parents, que l'humour de mon frère ne lassait pas, continuaient de s'esclaffer dès qu'il ouvrait la bouche. C'était mécanique. C'était effrayant.

Je pense aujourd'hui que l'enfance de Charles a dû être mise à rude épreuve. Que serait-il advenu de lui et de l'amour que mes parents lui vouaient si, soudain, il était devenu taciturne ? Taciturne, il se permit de l'être dès qu'il fut en âge de quitter la maison. Ses études, brillantes, le conduisirent à abandonner toute tentative de rigolade. D'autant que, dois-je l'avouer, j'ai exercé sur lui une pression qui a fini, grâce à ma persévérance, par l'éloigner de sa stupide envie de faire rire.

Je l'ai coincé dans la chambre que nous partagions. Il dormait en bas, je dormais en haut. Lits superposés en pin blanchi, aux armatures mal chevillées ; quand l'un bougeait, l'autre le ressentait. On s'agaçait, même dans le sommeil.

– Je te préviens, lui répétais-je, si tu te plains de moi aux parents, n'espère plus dormir la nuit.

J'arrêtais avec ces histoires de lui couper le zizi, parce qu'il avait beau avoir quatre ans de moins que moi, on avait un peu grandi depuis le temps, il croyait moyennement que j'aurais le cran de le mutiler. En revanche, l'asperger d'eau, oui. Lui enfoncer de la moutarde dans le nez, oui. Lui couper les cheveux, oui.

– Tes jouets disparaîtront un à un, tu devras te méfier en enfilant tes chaussures, et tes copains apprendront sur toi des choses qui feront que, plus jamais, ils ne voudront être vus en ta compagnie.

Comme éviter mes petites tortures ? Il devrait rire à mes blagues. Il paierait pour mes humiliations. Il paierait pour mes parents imbéciles, pour l'ignominie de l'homme spermatozoïde. Je partageais un secret avec Ouh Ouh et, pour m'alléger de ce secret immonde, j'obligerais mon frère à sceller une alliance avec moi. J'étais drôle et personne ne le savait, il allait l'apprendre contre son gré, puis le reconnaître, l'accepter.

– Je vais te faire un spectacle, lui disais-je.
– Oh non, répondait-il.
– Tu n'as pas le choix, lui disais-je encore. Reste assis, ne te plains pas, ne crie pas, ou ta vie deviendra l'enfer que je t'ai décrit.

Et je commençais sans son consentement. J'allumais la radio et singeais la personne qui s'exprimait. Je me déhanchais, me roulais par terre quand le ton montait, me relevais d'un bond dans un silence, je reprenais les phrases avec un temps de retard en les rendant pathétiques si elles étaient enthousiastes, drôles si elles étaient comminatoires.

C'était un exercice qui me plaisait beaucoup, j'y trouvais une forme de jouissance à écouter de l'oreille gauche celle qui saccageait le discours et qui rendait aux mots leur liberté. J'aimais changer l'ordre des mots dans les phrases pour leur faire prendre l'air. Ça donnait des *«espoirs-pourquoi-je-tellement-société-grande-ne pleurez pas-demain-capital-jardin»*. Je m'entraînais à la clownerie.

Évidemment, mon frère restait de marbre. Je me plantais devant lui.

– Rigole !
– C'est pas drôle, lâchait-il. (Sa lèvre tremblait.)
– Si tu ne ris pas, j'exécuterai mon grand projet, je te détruirai.

Et, pour l'encourager, je me suis mise à imiter les cris des animaux.

Mon frère est parti dans un éclat de rire qui m'a d'abord surprise. Il se tenait le ventre, des larmes perlaient au coin de ses yeux, il avait du mal à reprendre son souffle.

Je le coinçais enfin.

Mais ça durait. Je veux dire qu'il était lancé sur la piste du rire et que le rire ne décroissait pas, au contraire. Plus Charles riait, plus le rire s'emparait de lui. Mon frère était possédé. Moi, j'étais bras ballants en attendant que ça cesse. D'autant que les cris des animaux, franchement, ça n'avait rien d'hilarant. Je les avais tentés comme on joue son va-tout.

Le temps passait et je devais trouver une solution pour que le délire cesse avant que mes parents débarquent dans la chambre. Ils seraient capables de se mettre à rire eux aussi, simplement en voyant leur garçon secoué par des spasmes. Ils penseraient qu'il faisait une performance et que, décidément, leur fils irait loin dans la vie. Parce que, oui, les parents misaient sur lui, maintenant qu'il était entré en sixième européenne et qu'il parlait déjà couramment l'anglais et l'espagnol. Moi, j'étais en troisième, et lorsque j'avais annoncé à Mme Sanchise, la prof de français, que je voulais faire avocate, elle avait levé les yeux au ciel et secoué la tête d'un air navré.

Mon frère devenait de plus en plus rouge. Ça devenait franchement inquiétant. Alors, pour lui faire retrouver la raison et annuler ce rire horrible qui s'était emparé de lui, je lui ai raconté mes aventures avec Ouh Ouh le singe, puis avec Ouh Ouh l'homme spermatozoïde. J'avais conscience de trahir le secret qui me reliait au trou du cul qui flinguait ma vie.

– Quand il a fourré sa bite dans ma bouche, j'ai su que c'était pour me faire taire alors que je ne disais rien. Enfin, si, je riais pour un mot fabuleux qui entrait dans ma vie, spermatozoïde. Mais il n'était pas content, il pensait peut-être que je me moquais de lui. Et quand on n'est pas content, on enfonce un sexe dans une bouche.

Mon frère n'a pas réagi à mon récit. Il ne se départait pas de son rire. Il semblait souffrir à présent. Il se contorsionnait, son visage tournait au violet, il allait exploser ! J'ai eu pitié de lui et je suis allée prévenir les parents.

Lorsqu'ils sont entrés dans la chambre, Charles était calme, le regard tourné vers le ciel.

– Petit salaud, ai-je soufflé.

– Il faudrait, m'a dit ma mère, que tu cesses de faire ton intéressante.

– Ouh Ouh, lui ai-je répondu en me précipitant sur elle pour lui mordre le cou.

J'allais faire mon intéressante. Je serais drôle, je ne me tairais pas. ●

J'AI PAYÉ TRÈS CHER LE PLAISIR D'AVOIR FAIT RIRE LE PREMIER HOMME DE MA VIE. UNE BLAGOUNETTE ? UNE BRAGUETTE QUI DESCEND, UN JET DE SPERME JEAN-MICHEL, QU'EST-CE QUE TU DIS DE ÇA ?

« UNE FEMME SANS HOMME, C'EST COMME UN... »

L'HUMOUR AU SERVICE DE LA RÉVOLUTION

TEXTE Audrey Lasserre
Historienne, spécialiste des rapports entre littérature, arts, genre et féminisme aux XXᵉ et XXIᵉ siècles, elle est chercheuse à l'Université catholique de Louvain et aux Musées royaux des Beaux-arts de Belgique. Elle enseigne au sein du Master Genre des six universités francophones de Belgique.

ILLUSTRATION **Laurie Quétel**
pour *La Déferlante*
Fresquiste, graphiste et illustratrice, elle développe un langage de dessins, collages et couleurs.

RIRE | **HISTOIRE D'UN SLOGAN**

POISSON SANS BICYCLETTE !

Forgé en 1970 par une étudiante australienne, « Une femme sans homme, c'est comme un poisson sans bicyclette » est l'un des slogans féministes les plus connus au monde. S'il provoque un effet immédiat sur le muscle des zygomatiques, il porte aussi en soi un propos révolutionnaire et symbolise l'inventivité des militantes féministes en matière de slogans politiques.

1. *« A woman needs a man like a fish needs a bicycle »* dans *Tryin' to Throw Your Arms Around the World* (1991).

Il a donné son nom à un café féministe de Schaerbeek à Bruxelles. Il a été cité aussi bien par Pierre Desproges que Stephen King. On l'entend dans les paroles d'un tube de U2[1]. « Une femme sans homme est comme un poisson sans bicyclette » a beaucoup voyagé et compte parmi les slogans féministes les plus partagés. La formule nous vient d'Australie. La féministe américaine Gloria Steinem, à qui certain·es en avaient attribué la maternité, démentait le 16 septembre 2000 dans le magazine *Time* : c'est à Irina Dunn, militante et réalisatrice australienne qu'on la doit. Cette dernière l'aurait forgé en 1970 alors qu'elle était étudiante à l'université de Sydney en littérature anglaise en paraphrasant une formule du philosophe Charles S. Harris *« A man without faith is like a fish without bicycle »* (un homme sans foi, c'est comme un poisson sans bicyclette).

2. *Un mouvement à soi. Images du mouvement des femmes, 1970-2001*, Syllepse, 2003.

3. « Génération MLF », propos recueillis par Margaret Maruani et Nicole Mosconi, *Travail, genre et sociétés*, n° 24, février 2010.

4. Ouvrage collectif, édition iXe, 2011.

Irina Dunn expliquera plus tard qu'elle avait écrit ce graffiti sur des portes de toilettes – une à l'université, une autre au Soren's Wine Bar à Sydney. Ce qui est sûr, c'est que la formule trouve immédiatement son public. Le slogan va ensuite se diffuser dans le monde entier. « Une femme sans homme, c'est comme un poisson sans bicyclette » se retrouve sur les pancartes francophones des mouvements de femmes dès le milieu des années 1970, appelant, par le rire et l'incongruité, à prendre conscience qu'une femme peut se penser et agir de façon totalement indépendante d'un homme, devenu pour elle superflu.

LÉGER, L'ÉCLAT DE RIRE EST ÉGALEMENT UNE ARME

Depuis toujours, on nous enseigne qu'une femme ne va pas sans un homme. *Toute ma vie j'ai été une femme*, pour reprendre le titre d'une pièce de Leslie Kaplan (2008). Dans les dictionnaires, le mot femme est défini comme un être appartenant au sexe féminin par opposition et par complémentarité à un homme ; le mot désigne également l'épouse de l'homme, et le couple hétérosexuel est toujours le cadre de référence de la définition de la femme, notamment pour la procréation. Comme le souligne Simone de Beauvoir dans *Le Deuxième sexe* en 1949, cette idée que la femme ne peut être définie que par rapport à l'homme irrigue la pensée française : la femme est un être relatif (Jules Michelet, 1798-1874), l'homme se pense sans la femme, elle ne se pense pas sans l'homme (Julien Benda, 1867-1956). De cette idée découle celle d'une supériorité de l'homme sur la femme, des hommes sur les femmes. De cette idée procède également l'impossibilité ou la difficulté pour une femme de circuler de façon autonome dans l'espace public, sans que l'on considère qu'elle est « seule » ou qu'elle n'est « pas à sa place » parce non accompagnée… par un homme.

Ce slogan montre que l'entreprise de dénonciation de la dépendance et de la supposée infériorité des femmes est sérieuse tout en étant portée de façon ludique, par le bon mot. « Une femme sans homme, c'est comme un poisson sans bicyclette » : l'éclat de rire est léger, vivifiant, ressourçant, mais il est également une arme, un éclat de colère, une déflagration qui fait sens. Le plaisir du jeu verbal associé au rire est au centre de nombre des pratiques militantes visant à agir efficacement sur la réalité : « L'humour m'a emballée, c'était "sous les pavés la plage" recommencée avec des mots pavés », écrit la militante et photographe Catherine Deudon au sujet du mouvement de libération des femmes[2]. Comme le souligne de son côté la sociologue et militante du mouvement des femmes, Liliane Kandel, le « "rire-MLF" est *maïeutique, analytique et thérapeutique au sein d'un mouvement dont on sous-estime trop souvent l'extraordinaire efficacité symbolique*[3] ». Il s'agit de dévoiler l'oppression des femmes, tout en la faisant voler en éclat et en permettant à chaque femme de s'émanciper au plus près d'elle-même.

La manifestation féministe du 26 août 1970 sous l'Arc de Triomphe, qui a signé l'acte de naissance du MLF en France, est déjà exemplaire de l'usage et aussi de l'attention portée au langage comme à son potentiel performatif. On pouvait lire sur les banderoles « Il y a encore plus inconnu que le Soldat inconnu, sa femme », ou encore « Un homme sur deux est une femme ». On désigne par le terme performatif ce qui réalise une action par le fait même de l'énoncer. *Ce cortège* – dans lequel on note déjà la présence d'artistes et d'écrivaines, dont certaines participent au groupe les Petites Marguerites – inaugure une pratique manifestaire dont les slogans et les chansons sont autant de signes. Béatrice Fraenkel, anthropologue spécialiste de l'écriture, rappelle ainsi, dans son introduction à *40 ans de slogans féministes (1970-2010)*[4], à quel point « *[la] manifestation féministe innove, elle est un événement au sein de la longue histoire des manifestations militantes* ». Les militantes elles-mêmes ont la sensation, par leurs chants et leurs cris, d'innover, de créer et d'être actrices d'une nouvelle façon de se mobiliser qui se distingue des pratiques militantes « traditionnelles » dans lesquelles on scande des slogans écrits par d'autres, celles de l'extrême gauche, celles des hommes. Cette agentivité se manifeste tout autant dans la manière de porter le message (banderoles arborées, couleurs et graphies choisies, vêtements portés, gestes) que le discours lui-même, faisant du mouvement des femmes « un atelier d'écriture exceptionnel », souligne encore Béatrice Fraenkel.

Non seulement les slogans féministes montrent comment l'expression politique s'accommode fort bien de l'écriture littéraire, mais aussi comment l'écriture littéraire s'y révèle le principe même de l'expression politique. « Femmes de tous les pays unissez-vous, vous n'avez à perdre que vos maris/vos fesses. // Hystériques de tous les pays unissez-vous, vous n'avez à perdre que votre hystérie », ainsi débute le Tract ludique de 1971, écrit au sein du groupe d'artistes Les Petites Marguerites. Ce cadavre exquis, tissé de syllogismes, est un exemple parfait de la manière dont l'écriture littéraire peut être porteuse d'un message politique par son contenu comme par sa forme. Le message politique emprunte ainsi d'autres voies/x, puisque les femmes s'affirment comme sujet innovant d'un discours lui-même inédit.

LE POÉTIQUE ET LE POLITIQUE LIÉS DANS L'ACTION MILITANTE

Toute une génération de femmes en lutte encore animées par un esprit d'avant-garde entend lier le poétique et le politique dans l'action militante. Elles reprennent à leur compte ce qu'André Breton écrivait en exergue du premier numéro de sa revue *Le Surréalisme au service de la révolution* (1930) parmi les plus influentes du mouvement surréaliste : *« mettre au service de la révolution les moyens qui sont plus particulièrement les nôtres »*. Tel est le dessein des artistes au sein du Mouvement de libération des femmes en tant que littératrices, et pour certaines en tant que femmes. « Une femme sans homme, c'est comme un poisson sans bicyclette » illustre par son propos ce projet révolutionnaire – libérer les femmes de leur assignation à résidence sexuée, leur permettre de se penser en dehors des hommes, du mariage et de l'hétérosexualité normative – tout comme il témoigne, par sa forme même, du procédé mis en œuvre, mêlant la force de l'image, la puissance du rire, et la manière littéraire. Ou le dévoilement par la poésie au sens large. ●

> **LE « "RIRE-MLF" EST MAÏEUTIQUE, ANALYTIQUE ET THÉRAPEUTIQUE AU SEIN D'UN MOUVEMENT DONT ON SOUS-ESTIME TROP SOUVENT L'EXTRAORDINAIRE EFFICACITÉ SYMBOLIQUE. »**
>
> **Liliane Kandel**

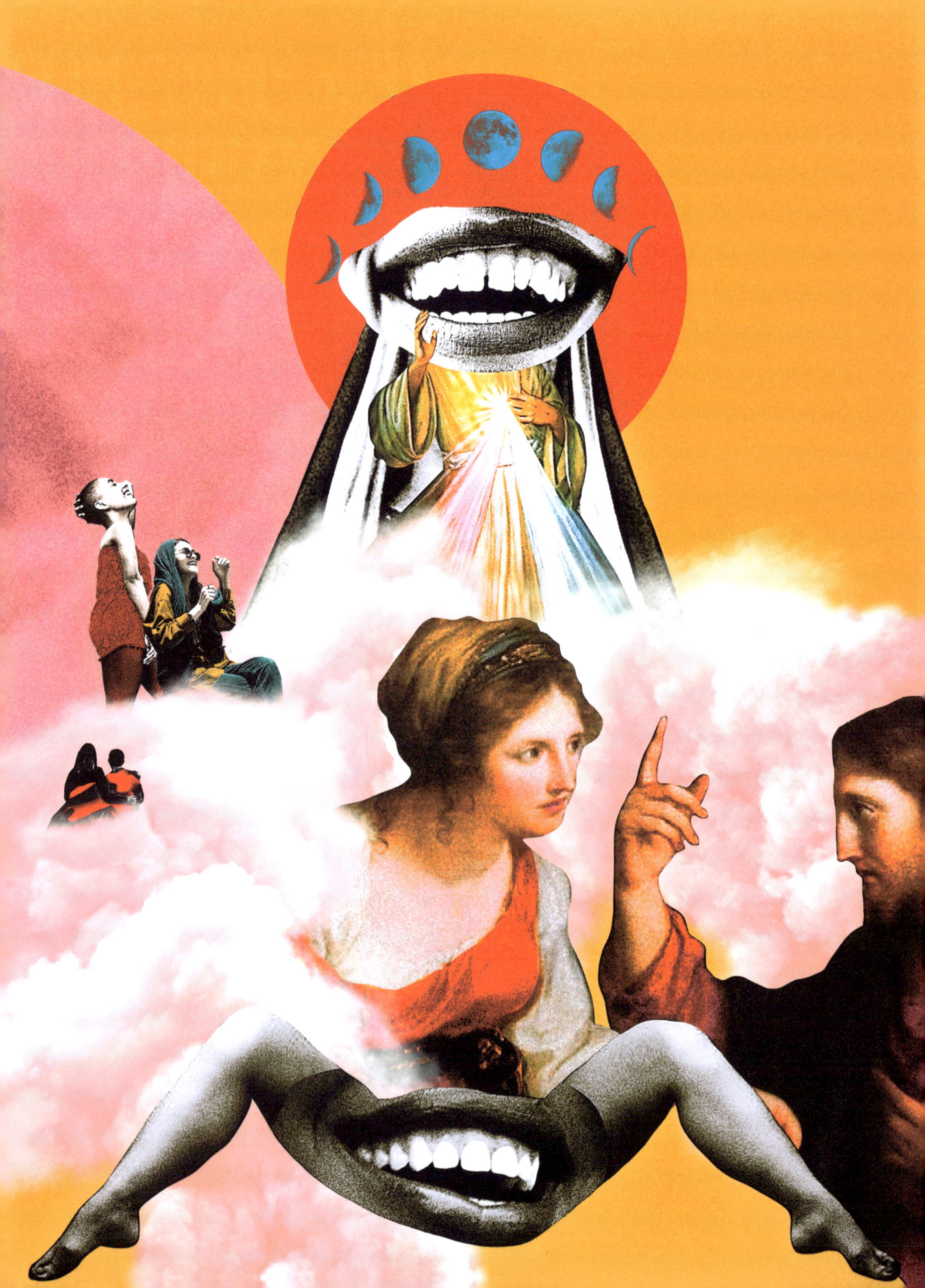

RIRE | **ENTRETIEN**

« LE RIRE DES FEMMES A ÉTÉ RÉPRIMÉ PENDANT DES SIÈCLES. »

Poètes, théologiens, docteurs ou simples moralistes ont pendant longtemps proscrit l'hilarité féminine. Perçu comme le symptôme d'une sexualité débridée ou une offense aux bonnes mœurs, le rire des femmes relève d'une transgression de genre : c'est ce qu'explique l'historienne Sabine Melchior-Bonnet, autrice de *Le Rire des femmes* **(PUF, 2021).**

ILLUSTRATION **Nadia Diz Grana** pour *La Déferlante*

Nadia Diz Grana réalise des images et des collages pour la presse et des institutions. Elle a signé les illustrations de couverture des quatre premiers numéros de *La Déferlante*.

Vous analysez, dans votre ouvrage, un nombre impressionnant de productions culturelles. Parmi toutes les femmes célèbres qu'on y croise, qui est la première à avoir ri ?
SABINE MELCHIOR-BONNET À ma connaissance, il s'agit de Sara qui s'esclaffe avec Abraham, dans la Bible, lorsque Yahvé leur annonce par la bouche d'un ange une nouvelle extravagante : ils vont donner naissance à un fils, malgré leur grand âge. Elle a 90 ans ; lui en a 100. Plein d'étonnement et d'émerveillement, le rire de l'homme est présenté dans la Genèse comme l'expression d'un saint respect devant l'amour de Dieu. Celui de la vieille Sara est au contraire un rire de doute. Ne pouvant s'empêcher de penser aux implications sexuelles portées par une telle promesse, la nonagénaire au corps ridé et stérile pouffe devant l'inconcevable, guidée par son expérience et son bon sens, comme on rigole d'une bonne plaisanterie. L'autodérision féminine trouve là

une de ses premières expressions culturelles! Alors que Dieu est demeuré silencieux devant le rire du patriarche, il réprimande vertement celui de l'épouse dont il réprouve l'incrédulité. Il perçoit chez celle-ci une résistance. Les exégètes du Moyen Âge compareront la joie pure de l'homme à la réaction railleuse de la femme.

Au XIVe siècle, le rire mystique de Béatrice, la muse du poète italien Dante, prend-il un sens différent? Est-il mieux accepté?
Au paradis de Dante [1], le rire des saintes n'est pas interdit comme en témoigne Béatrice, qui ne se contente pas d'un sourire indulgent. Son rire est l'expression d'une joie qui met en jeu le corps et les pulsions. Dans *Le Banquet*, le poète en parle comme de l'« *éclair radieux de la délectation de l'âme* [2] ». Le rire de Béatrice ouvre la voie du Ciel. Reste que la dame aimée du poète rit doucement, sans excès, silencieusement – d'un rire qui ne se perçoit pas par l'oreille mais par l'œil. Car, en Occident, l'Église a du mal à accepter les fous rires de ravissement qui retentissent tout au long du Moyen Âge… a fortiori quand ils émanent de femmes dont on exige silence et dignité. Il y a forcément quelque chose d'étrange dans le mysticisme, qui relève d'un emportement impossible à maîtriser, qui déborde le raisonnable. De fait, la méfiance à l'égard de ces corps qui rient s'imposera dans la spiritualité de l'âge classique.

Est-ce ce souci de policer les corps qui explique qu'à toutes les époques, on associe le rire des femmes à la sexualité?
On suspecte en effet les rieuses d'être dotées d'un inépuisable appétit sexuel. Les auteurs latins du Ier siècle après J.-C. (parmi lesquels le poète Ovide est sans doute le plus célèbre) faisaient une corrélation entre les deux « *trous* » du corps des femmes, la bouche et le vagin, d'où le caractère obscène du rire féminin. Ce parallèle a traversé les siècles. Longtemps, on a considéré que les femmes qui s'y adonnaient étaient des friponnes ou des hystériques. On attribue ainsi à Mirabeau, député du tiers état pendant la Révolution française, une phrase selon laquelle les hommes rient avec le cerveau et les femmes avec l'utérus. Le rire découvre par ailleurs les quatre dents de devant qui sont le symbole de l'amour et de la sexualité dans certains vieux proverbes italiens et français. Dans un traité composé en 1318, Francesco di Neri di Ranuccio, poète italien contemporain de Dante, indique qu'une jeune fille ne doit en aucun cas exhiber ses dents qui sont synonymes de vie et de fertilité. Cette prescription commune à tous les codes de bienséance apparaît également dans le *Décaméron* de Boccace, par exemple, qui paraît quelques décennies plus tard. Les civilités bourgeoises qui s'installent au XVe siècle, d'abord en Italie et un peu plus tard en France, sont largement inspirées d'Ovide qui conseille aussi aux femmes, dans *L'Art d'aimer*, de ne pas ouvrir une bouche démesurée et de ne pas retrousser les lèvres. À des époques où les dentistes n'existaient pas, celles qui se laissent aller à rire passent pour laides, dévoreuses, carnassières. Le poète latin fustige au passage les grimaces de ces visages qui se tordent et ont l'air de pleurer, ainsi que ces sonorités rauques et désagréables qui évoquent le braiment d'une ânesse. Les filles qui rient trop, enfin, ont souvent été suspectées d'être folles ou stupides. Au XVIIe siècle, l'écrivain protestant Théodore Agrippa D'Aubigné représente ainsi l'ignorance sous les traits d'une demoiselle sotte

---

1. *La Divine Comédie*, qui est l'œuvre la plus célèbre de Dante (1265-1321), raconte en plus de 14 000 vers le voyage d'un narrateur entre l'Enfer, le Purgatoire et finalement le Paradis.

2. Dante, *Le Banquet*, traduction Philippe Guiberteau, Les Belles Lettres, 1968.

« Depuis toujours, les femmes rient surtout entre elles, au lavoir, au marché, à l'atelier… Elles rient pour conjurer l'angoisse, la précarité, les accouchements périlleux, l'avenir incertain. »

et riante. Son contemporain Le Moyne, poète à ses heures, se plaît quant à lui à détailler la manière dont un éclat de rire *« donne à la personne des grimaces de possédé et des convulsions épileptiques »*. Des voix féminines se sont élevées contre de tels clichés misogynes, mais rien n'y a fait. Pendant des siècles, on a réprimé le rire des femmes au nom de la pudeur, de la douceur, de la politesse, de la beauté et de la raison. Je me souviens encore de mon père me disant de fermer la bouche quand il me prenait en photo!

Parmi les contempteurs multiséculaires du rire féminin se trouvent aussi les médecins. À partir de quels raisonnements en sont-ils venus à pathologiser une telle expression de joie?
Le Grec Galien, qui a régné sur la médecine occidentale jusqu'au XVIIe siècle, disait que *« les mœurs de l'âme sont la conséquence des tempéraments des corps »*. Pour lui, le rire était favorisé par les humeurs humides[3] qu'il associait au sexe féminin, la mélancolie par les tempéraments secs propres au genre masculin. Au Moyen Âge, le discours médical trouve un écho dans les considérations théologiques. Ainsi, selon l'évêque Albert le Grand, auteur de plusieurs traités de sciences naturelles au XIIIe siècle, la composition des os de leur cerveau prédispose les femmes aux sautes d'humeur : les vapeurs qui leur montent à la tête ne peuvent trouver d'issue. Pour couronner le tout, certains théologiens prétendent que le démon se sert des phases ascendantes de la lune pour accroître l'instabilité des humeurs féminines et provoquer des rires de folie. À la Renaissance, le médecin Joubert explique encore que les jeunes femmes, comme les enfants, sont dotées d'un même tissu mou et spongieux, si bien qu'elles produisent davantage de sang, lequel serait à l'origine du rire. Il ajoute que les rieuses se verraient soumises à une *« fureur utérine »*, une forme de suffocation due à la rétention de semence, autrement dit à l'absence de relations sexuelles chez les filles qui se marient tard, ainsi que chez les femmes délaissées ou veuves. Le stéréotype de la femme victime de ses humeurs et de ses organes a traversé les siècles.

La conséquence d'une telle censure, c'est que la représentation de femmes riant a longtemps constitué un tabou dans l'art pictural...
On trouve des rires populaires de prostituées ou de campagnardes dans la peinture flamande. Mais la Vierge ne rit jamais. Du XIe au XIIIe siècle, les portraits de Marie présentent toujours une figure hiératique qui tient l'enfant dans ses bras. Il faut attendre le XIVe siècle pour voir s'esquisser ne serait-ce qu'un sourire tendre et mystérieux sur ses lèvres. Dans l'iconographie, la bouche des femmes n'est presque jamais entrouverte, à quelques exceptions près comme la *Madone Benois* de Léonard de Vinci qui dévoile ses dents délicates, ou l'autoportrait que la peintre Élisabeth Vigée Le Brun présente au salon du Louvre en août 1787. Celui-ci provoque un scandale parmi les artistes parisiens : ils lui reprochent d'avoir illustré son bonheur de mère comblée par un sourire laissant apparaître de toutes petites quenottes. Et d'avoir ainsi enfreint l'une des règles importantes de l'art pictural énoncées aussi bien par Roger de Piles – qui indique dans son *Cours de peinture* que le visage d'une femme doit être sérieux ou légèrement souriant – que par Diderot, pour qui un portrait qui rit est sans noblesse, sans caractère, sans vérité.

Cet interdit n'est-il pas un marqueur de classe : peut-on dire que le rire populaire est mieux accepté que celui des bourgeoises?
Les codes de civilité inventés au XIVe siècle en Italie, qui ont pour mission d'endiguer une peur masculine ancestrale devant un rire féminin surgi des profondeurs d'un corps étrange et inquiétant, ne concernent pas le peuple. À la campagne, les hommes et les femmes continuent à rire ensemble en public. La haute aristocratie peut aussi s'affranchir de ces codes. Quand on est la petite-fille du roi, on est au-dessus des règles. Rire aux éclats reste cependant interdit à la Cour pour les hommes comme pour les femmes, mais celles-ci n'hésitent pas à lancer des mots d'esprit pour chercher à ridiculiser autrui. Cet interdit pèse donc surtout sur les bourgeoises qui sont les seules à se soumettre aux règles de savoir-vivre. Elles

3. Selon la théorie des humeurs, qui est l'un des fondamentaux de la médecine antique, la bonne santé du corps n'est possible que dans l'équilibre des éléments antagoniques qui le composent.

s'autorisent sans doute à glousser avec leur soubrette dans l'intimité du foyer, mais leur liberté est limitée.

La pression se desserre-t-elle au fil du temps ?
C'est l'inverse ! Jusqu'au XXe siècle, les règles de bienséance ne font que gagner en sévérité. Dans les années 1700, des voyageurs anglais constatent ainsi que l'ambiance a changé dans les salons, où les quelques femmes primesautières que l'on croise encore font l'objet de critiques acerbes. L'exigence d'authenticité et de douceur dévalue désormais ces excitées, qui à force de piques et de saillies apparaissent comme presque masculines. Une femme d'esprit n'est jamais qu'un « *honnête homme* », estime notamment Rousseau qui reconnaît aux jeunes filles le droit d'épanouir leur corps en faisant de la danse, mais refuse aux épouses celui de rire. Balzac évoque aussi dans *Les Illusions perdues* la duchesse de Langeais qui, lorsqu'elle rentrait chez elle, « *rougissait souvent de ce dont elle avait ri* ». Les rôles ne sont pas interchangeables. Il revient à l'homme de relever la conversation en susurrant des plaisanteries, et à la femme d'en goûter pudiquement le condiment, en cachant bien son rire derrière son touret de nez. Si le premier franchit sans inconvénient le mur de la décence, la seconde est tenue à la réserve. La pression se resserre encore au XIXe siècle malgré les débuts de l'émancipation féminine. En 1882, le *Journal des demoiselles*, titre de presse de l'époque, raconte le cas d'un prétendant au mariage ayant renoncé à un parti parce que la jeune fille se permettait quelques plaisanteries !

Mais on peut imaginer que les jeunes filles du XIXe siècle, malgré l'éducation qu'elles reçoivent, ont plus de fantaisie que n'en laisse paraître la littérature officielle…
La pédagogie de cette époque consiste à canaliser les pulsions des adolescentes, à retenir leur imagination. Les éducateurs luttent comme ils peuvent contre leurs fous rires… Mais c'est peine perdue ! Les journaux intimes des demoiselles témoignent en effet d'une vitalité que les règles de bienséance ne parviennent pas à étouffer : elles rient dès que leur mère a le dos tourné, comme en témoigne Caroline Brame. Dans ses écrits, cette jeune fille de la bourgeoisie parisienne se souvient de rires incontrôlables à l'église avec ses amies. Autre diariste sous le Second Empire, Lucile Le Verrier raconte comment, vêtue d'un simple « caleçon », elle se met soudain à sauter, à crier à tue-tête, dans un grand éclat de rire. Chez les plus rebelles, c'est même une manière d'exprimer une volonté de contestation.

Pourquoi une telle coercition, selon vous ? Diriez-vous que l'humour est une arme ?
L'idée que le rire est une arme aux mains des femmes est déjà là, en germe, dans le récit biblique de la naissance d'Isaac, fils de Sara, comme dans ces comédies d'Aristophane qui mettent en scène des figures féminines telles *Lysistrata*, où elles décident de ne plus se donner aux hommes, ou dans *L'Assemblée des femmes*, quand elles prennent le pouvoir. Donc oui, le rire est bien une manière de se moquer de l'autorité, de casser le sérieux d'une conversation, de désarmer la colère des hommes auxquels il enlève leur autorité. Mais n'oublions pas que depuis toujours, les femmes rient surtout entre elles, au lavoir, au marché, à l'atelier… Elles rient pour conjurer l'angoisse, la précarité, les accouchements périlleux, l'avenir incertain. Dans les années 1970, la féministe Annie Leclerc raconte comment elle et sa sœur jouaient à rire, allongées côte à côte sur un lit. « *Nous riions à l'infini du rire de nos rires* », écrit-elle. Cette grande expiration n'a pas sa pareille pour détendre, soulager, libérer le corps. ●

Entretien réalisé par Marion Rousset
(Lire sa bio page 144.)

« OUI, LE RIRE EST BIEN UNE MANIÈRE DE DÉSARMER LA COLÈRE DES HOMMES AUXQUELS IL ENLÈVE LEUR AUTORITÉ. »

Sabine Melchior-Bonnet

POUR ALLER + LOIN RIRE

DES VANNES CONTRE LE PATRIARCAT

DOCUMENTAIRE

Elles s'appellent Nicole Ferroni, Farah, Florence Mendez, Constance, Roukiata Ouedraogo, Samia Orosemane, Tania Dutel, Laura Domenge et Alexandra Pizzagali. Ces comédiennes belges et françaises ont été réunies par la réalisatrice Marie Mandy dans un documentaire alliant rire et féminisme. Ces neuf femmes sont emblématiques de la nouvelle génération d'humoristes et de stand-uppeuses de l'ère post-#MeToo : ouvertement féministes, elles profitent de leurs spectacles pour épingler les travers du patriarcat en s'inspirant de leur vie quotidienne. Le rire devient alors une arme de la révolution féministe car, derrière les blagues, il y a souvent des sujets graves, allant du harcèlement de rue, au traumatisme de l'excision, en passant par les violences sexuelles et le tabou des règles. Aux témoignages, ce documentaire ajoute des extraits de spectacles et de coulisses offrant aux spectateur·ices une galerie de portraits aussi drôles que porteurs d'espoir.

Les femmes préfèrent en rire, réalisé par Marie Mandy, octobre 2021.
Une coproduction Cinéphage, Simple Production, CBA, France Télévisions, RTBF.

GADSBY LA MAGNIFIQUE

SPECTACLE

Nanette, le one-woman-show de l'humoriste australienne Hannah Gadsby est disponible sur Netflix depuis 2018. Regarder ce spectacle d'une heure est une expérience unique, qui laisse souvent les spectateur·ices en larmes. Comment une comédie, censée faire rire, produit-elle cet effet ? Dans son spectacle, Hannah Gadsby traite de la honte, la rage, l'autisme, les violences homophobes et sexuelles, s'inspirant largement de ses propres traumatismes dans une visée cathartique. Cela permet au public de mieux comprendre les personnes queer et les femmes, Nanette racontant l'histoire très émouvante d'une femme lesbienne ridiculisée et humiliée parce qu'elle s'écartait des normes de genre et de sexualité.

COMIQUE DE SITUATION

TIKTOK

Sur TikTok, @Hippiearab, alias Farah, une jeune femme musulmane anglophone aux 2.5 millions d'abonné·es publie très régulièrement des vidéos hilarantes d'une à trois minutes. Farah tourne en dérision les moments gênants de sa vie quotidienne. Son inspiration et son humour malaisant semblent illimités, comme les sujets qu'elle aborde, plus imprévisibles les uns que les autres. Certaines thématiques reviennent tout de même : Farah se moque volontiers des hommes et de l'islamophobie, et la figure de ses parents arabes (sa mère en particulier) est régulièrement conviée dans ses anecdotes les plus drôles.

À LA LOUPE

REVUE

La revue scientifique *Recherches féministes*, fondée au Canada en 1988, a consacré un numéro à l'humour féminin. « Les voies secrètes de l'humour des femmes », publié sous la direction de Lucie Joubert et Brigitte Fontille en 2012, compte neuf articles abordant la question des points de vue littéraire, artistique ou sociologique. Les autrices s'intéressent aux arts visuels, aux magazines féminins, aux bandes dessinées et aux romans. Elles analysent aussi l'humour dans le couple, sur scène ou à la télévision avec des réflexions sur le métier de clown féminin et le rire des femmes en démocratie postcoloniale.

« Les voies secrètes de l'humour des femmes », *Recherches féministes*, n° 2, 2012.

L'HUMOUR FRANÇAIS AU FÉMININ

« Et si les humoristes femmes étaient, au fond, plus libres, plus fantaisistes, plus engagées et même plus drôles que les hommes ? », s'interroge Sébastien Thème sur France Culture en juillet dernier dans *Funny Girls: l'humour français au féminin*. Pour décortiquer l'humour au féminin, les invitées de l'émission sont Melha Bedia, actrice et humoriste, Lison Daniel, scénariste et comédienne, et Nelly Quemener, maîtresse de conférences spécialiste du genre et des médias. On apprend notamment qu'aux États-Unis, ce sont les femmes humoristes comme Chelsea Handler qui se sont mises en ordre de marche pour contrer Donald Trump. *Funny Girls* aborde aussi l'impact du politiquement correct et de l'ambivalence de l'humour : puissant outil d'affirmation de soi et du monde, mais aussi utilisé pour disqualifier et reproduire des stéréotypes.
Funny Girls : l'humour français au féminin, émission « La Grande table d'été », France Culture, juillet 2021.

LE PARTI D'EN RIRE

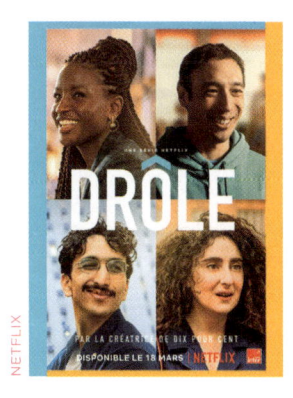

Fanny Herrero, la créatrice de la série *Dix pour cent* (France 2) revient avec une série sur Netflix, *Drôle*. En six épisodes de quarante minutes, la série raconte quelques mois dans la vie de quatre jeunes stand-uppeur·euses : Aïssatou (Mariama Gueye), Bling (Jean Siuen), Nazir (Younès Boucif) et Apolline (Elsa Guedj). Du mépris de classe au patriarcat, en passant par le racisme policier, les personnages, sur scène ou dans leur vie, passent au crible la société française. Les acteur·ices sont excellent·es. Et pari tenu : c'est drôle.

LES FEMMES SANS NOM

« J'arrive pas à suivre… Quelqu'un peut me dire combien de départements je préside maintenant ? », écrit sur Twitter @Unefemme2022 en réponse à un tweet du quotidien *Sud Ouest* : *« Charente-Maritime : une femme à la tête du département, une première. »* Sur un ton tragicomique, le compte @Unefemme2022 fustige la différence de traitement entre les hommes et les femmes dans les médias et dénonce les travers sexistes qui invisibilisent les femmes en utilisant la formule générale « une femme » au lieu de les nommer. Dans le même style, la page Wikipédia « Une femme » a été créée en mai 2020 pour recenser toutes ses professions et distinctions. Elle a une vingtaine de nationalités et exerce des professions et responsabilités encore plus nombreuses, accentuant l'absurdité de réduire les femmes qui font l'actualité uniquement à leur genre.

> **« J'AIME QUE L'HUMOUR METTE À DISTANCE LA VIOLENCE DE CE MONDE, QU'IL NOUS PERMETTE DE NOUS CONFRONTER À LA DURETÉ DE NOTRE SOCIÉTÉ SANS SOMBRER. »**
>
> ADÈLE HAENEL, DANS UN ENTRETIEN À *VERSION FEMINA*

ANNE BONNY & MARY READ

DESSINS Lisa Lugrin
SCÉNARIO Clément Xavier
(Lire leurs bios page 144.)

Pirates sans contrefaçon

Tout les oppose : l'une, Irlandaise, issue de la haute société, l'autre, Anglaise et promise à la misère. Mais Anne Bonny et Mary Read ont en commun un acte inouï : celui de s'être travesties en homme. L'une pour embrasser la piraterie, interdite aux femmes, l'autre pour survivre. Un jour de 1719, le hasard va les faire se rencontrer sur le navire du célèbre Rackham le Rouge, en pleine mer des Caraïbes. Réunies dans un même mensonge, alors que tout le monde les croit hommes, elles vont se révéler l'une à l'autre.

Mer des Caraïbes, 1719
Alors, à qui avons-nous à faire ?
Je ne sais pas encore, capitaine, ils hissent leur pavillon.
Les piraaaates !
Aux aaarmes !
Et puis quoi, encore ?

ANNE BONNY & MARY READ

— On ne va pas risquer notre peau pour sauver la vôtre, capitaine.

— Vous nous en avez assez fait baver comme ça, à trimer pire que des chiens, tandis que, entouré de votre cour, vous faisiez bombance.

— Exploiteurs !
— Chacals !

— Bande de lâches ! Ces pirates cruels et sanguinaires vous tueront aussi !

— Pas avant de vous avoir réglé votre compte. On aura au moins le plaisir de vous voir crever.

— Hissez le pavillon blanc !

— Aux armes, j'ai dit !

97

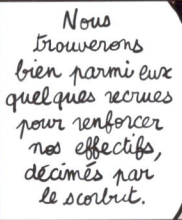

PAN PAN AAARG PAH

— Réduisez la voilure!

— Laissons-les se battre entre eux et accomplir la sale besogne.

AAAH!

— Pas étonnant qu'il coule à pic, ses poches sont lestées de nos larmes et de notre sueur.

— Heureusement qu'ils se sont sabordés, nous n'aurions eu aucune chance de les vaincre.

— Nous trouverons bien parmi eux quelques recrues pour renforcer nos effectifs, décimés par le scorbut.

Ces Hollandais sont plus morts que vivants.
Je me demande depuis combien de temps ils n'ont pas mangé ...
On va faire quoi d'eux?
On a déjà notre drapeau à tête de mort, le Jolly Rogers, pas besoin de s'encombrer de tas d'os supplémentaires.
Terminons de transborder la marchandise dans notre sloop et souhaitons-leur bon courage.
Vous ne valez pas mieux que notre capitaine.
Vous pillez le peu de vivres qu'il nous reste.
Qui a dit ça?

Je... Je m'appelle William Read, je suis anglais, comme vous. Votre conversation ne m'a donc pas échappé...
Ça t'autorise à m'insulter?
Je suis Adam Bonny, le second du capitaine Rackham. Que fais-tu parmi ces Hollandais?
Je me suis engagé dans l'armée britannique en Flandres, pour combattre les Français. Une fois la guerre terminée, j'ai embarqué dans le premier navire venu, par soif d'aventure.
Ah ah! Au moins, te voilà servi!
Nous venons de dégoter la perle rare, Rackham.
Mmmh... Sa gueule ne me revient pas.
Je vois pas le problème, il présente plutôt bien, je trouve.
C'est précisément ça, le problème!

— Toi, lève-toi ! Le capitaine Rackham a accepté de te laisser une chance de nous suivre.

— À condition bien sûr que tu te soumettes à la chasse-partie, le code d'honneur des pirates.

— Pirate et honneur, c'est pas un peu contradictoire ?

— Garde ce genre de réflexion pour toi, si tu ne veux pas finir sur une île déserte.

— Notre pavillon noir à tête de mort, le costume rouge sang de Rackham, tout ça c'est du théâtre, pour impressionner nos adversaires et les dissuader de se battre.

— Les règles que nous appliquons sont beaucoup plus justes que dans le reste de la société : le capitaine est élu et peut-être révoqué à tout moment. Le butin est équitablement réparti et chacun cotise pour les invalides...

— Toutes les nationalités et couleurs de peau sont bienvenues. Seules les femmes sont rigoureusement interdites à bord, sous peine de mort.

Quelques jours plus tard, au large de la Jamaïque...
Read est tout le temps fourré avec Bonny, ça suffit!
Je vais le balancer par-dessus bord, cet insolent !
C'est fou que le capitaine te laisse sa cabine!
Il l'a perdue aux cartes.
Écoute, je t'ai bien observé, William, j'ai l'impression que t'es pas comme les autres et que je peux me confier à toi.
William, j'ai un aveu à te faire...
Moi aussi.
Moi d'abord.
TOUS SUR LE PONT, ENNEMI EN VUE!

Le gouverneur des Bahamas nous a retrouvés.
Nous n'avons aucune chance d'échapper au Royal Queen. Il va falloir songer à se rendre.
Mais on sera pendus haut et court. Et nos cadavres en putréfaction exhibés dans des cages à l'entrée des ports, pour dissuader quiconque de suivre notre exemple.
Ils auront peut-être pitié de nous.
Tu parles!
M... Mais qu'est-ce que tu fais?
J'ai un plan! Va me chercher une robe.
Bonny est une femme?
Rackham nous a menti, il faut le révoquer!
Pour se faire pendre à sa place? Excellente idée!
Ah ouais.
Pas faux.

— Capitaine Hudson, on a pêché une sirène !

— Oh, mon sauveur ! Je me suis échappée du bateau de ces abominables pirates ! J'ai eu si peur.

— Rackham le Rouge m'avait enlevée pour demander une rançon à mon père, mais votre venue a semé une telle panique que j'en ai profité pour subtiliser un canot.

— Rackham le Rouge tremble de peur ?

— Si vous saviez ! La mutinerie n'est pas loin.

— Laissons-la mûrir alors. Nous attaquerons à l'aube. En attendant, parlez-moi de ce père fortuné, voulez-vous ?

— Tout ce que vous voudrez, Capitaine.

Clac

ANNE BONNY & MARY READ

— Mais qu'est-ce qu'elle fabrique ?
— T'es jaloux ? Tu crois être le seul avec qui elle fricote ?

— Encore un peu de vin, capitaine ?
— Merci. Je vais tâcher de ne pas abuser de la boisson, sinon je risque de ne plus me contrôler.

— Ça ne me dérange pas, capitaine.

— Votre père a donc émigré en Caroline du Sud lorsque vous étiez enfant, et il est devenu un riche planteur ? Qu'est-ce qui explique votre présence si loin de lui ?

Je n'étais pas docile, c'est le moins qu'on puisse dire, et lorsqu'il a essayé de me marier avec un voisin qui avait trois fois mon âge, je me suis enfuie...

Livrée à moi-même, j'ai fait la connaissance de James Bonny, un pirate de petite envergure, pour qui je fus une proie facile.

J'étais si jeune et naïve, vous comprenez ?

— Vous l'êtes encore, mais plus pour longtemps.

105

Quand James Bonny a compris que mon père n'admettrait jamais notre union et qu'il n'en tirerait aucun bénéfice, il a voulu m'abandonner.

J'ai incendié les plantations de mon père et menacé James de le dénoncer comme l'auteur de ce forfait s'il ne m'emmenait pas avec lui aux Bahamas.

— Pardonnez-moi, je ne sais pas ce que j'ai. Je... Ne croyez pas que votre récit m'assomme, bien au contraire.

— C'est tout à fait normal, capitaine. Ce sont les vertus du puissant sédatif que je vous ai administré.

— Vous... Vous m'avez drogué ?

— Chut, en attendant que vos paupières soient plus lourdes que du plomb, laissez-moi vous raconter la suite, elle vaut le détour.

En plus d'être un lâche, mon mari était un traître officiant secrètement pour le gouverneur Woodes Rogers, à qui il dénonçait des pirates.

— Je te dégoûte ? Et ben vas-y, tire-toi !

SMACK

— Pour une fois que tu as une bonne idée, James !

— Comment avez-vous fait sa connaissance ?

— Le gouverneur avait promis d'accorder sa clémence aux pirates qui renonçaient à leur activité.

J'avais décidé d'accepter quand j'ai rencontré Anne. Nous sommes tombés follement amoureux et son mari a exigé qu'elle soit fouettée pour adultère.

Elle m'a proposé de nous enfuir dans un sloop et d'écumer les mers sous la bannière du Jolly Rogers.

— Mais c'est impossible, Anne, l'équipage n'acceptera jamais une femme à bord.

— Sauf s'il l'ignore.

Alors on a décidé de cacher son identité et de la faire passer pour Adam Bonny, mon second.

— Tu comprends mieux pourquoi je disposais de la cabine du capitaine Rackham ?

— Anne !

J'ai saboté leurs canons en mouillant les mèches. Demain, lorsque nous les attaquerons, ils n'auront aucun moyen de riposter.

Le lendemain matin...

— Je vous en supplie, épargnez ma modeste vie.

— Plutôt que de pleurnicher, capitaine, prenez une épée et affrontez-moi en duel.

— Mais enfin qu'est-ce qui te prend ? C'est la meilleure lame des Caraïbes.

— C'est surtout un gros porc qui a posé ses sales pattes sur Anne...

— Et il va le payer !

— Vous êtes beaucoup trop lent, jeune homme.

— La prochaine fois, je vise le cœur.

TCHAK !

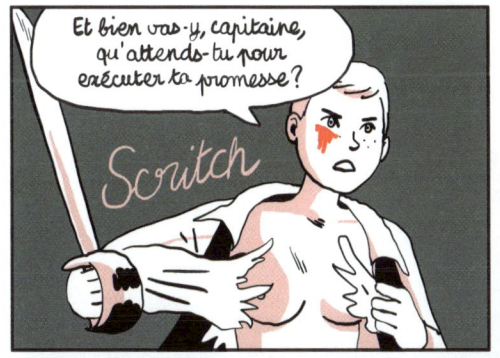

ANNE BONNY & MARY READ

— Une... Une femme ? AH! AH! AH! Je comprends mieux pourquoi tu te bats si mal.

— Vraiment ?

— Et bien vas-y, capitaine, qu'attends-tu pour exécuter ta promesse ?

Scritch

— C'est bien ce que je pensais, tu n'es qu'un affreux vantard !

— L'un d'entre vous souhaite-t-il prendre la relève et se mesurer au sexe faible ?

— En attendant qu'un éventuel suicidaire se désigne, laissez-moi vous dire deux mots...

— Je m'appelle Mary Read, et j'ai passé ma vie à me déguiser en homme, pour fuir la misère à laquelle me condamnait mon sexe.

Dès mon plus jeune âge, ma mère, veuve d'un marin, m'a ordonné d'usurper l'identité de mon frère défunt pour continuer à percevoir une bourse donnée au seul garçon du foyer.

J'ai pris goût à la liberté dont jouissent les hommes et décidé de m'engager dans l'armée britannique, en Flandres.

Sur les champs de bataille les plus sinistres, je tombai amoureuse d'un Hollandais, Joost. Nous quittâmes l'armée pour nous marier et ouvrir une auberge.

Mais la mort était décidément sur mes talons et Joost succomba à une pneumonie.

Pour échapper à mes créanciers et au bal des prétendants, je repris mon identité de garçon et embarquai sur le premier navire venu, à destination du Nouveau Monde...

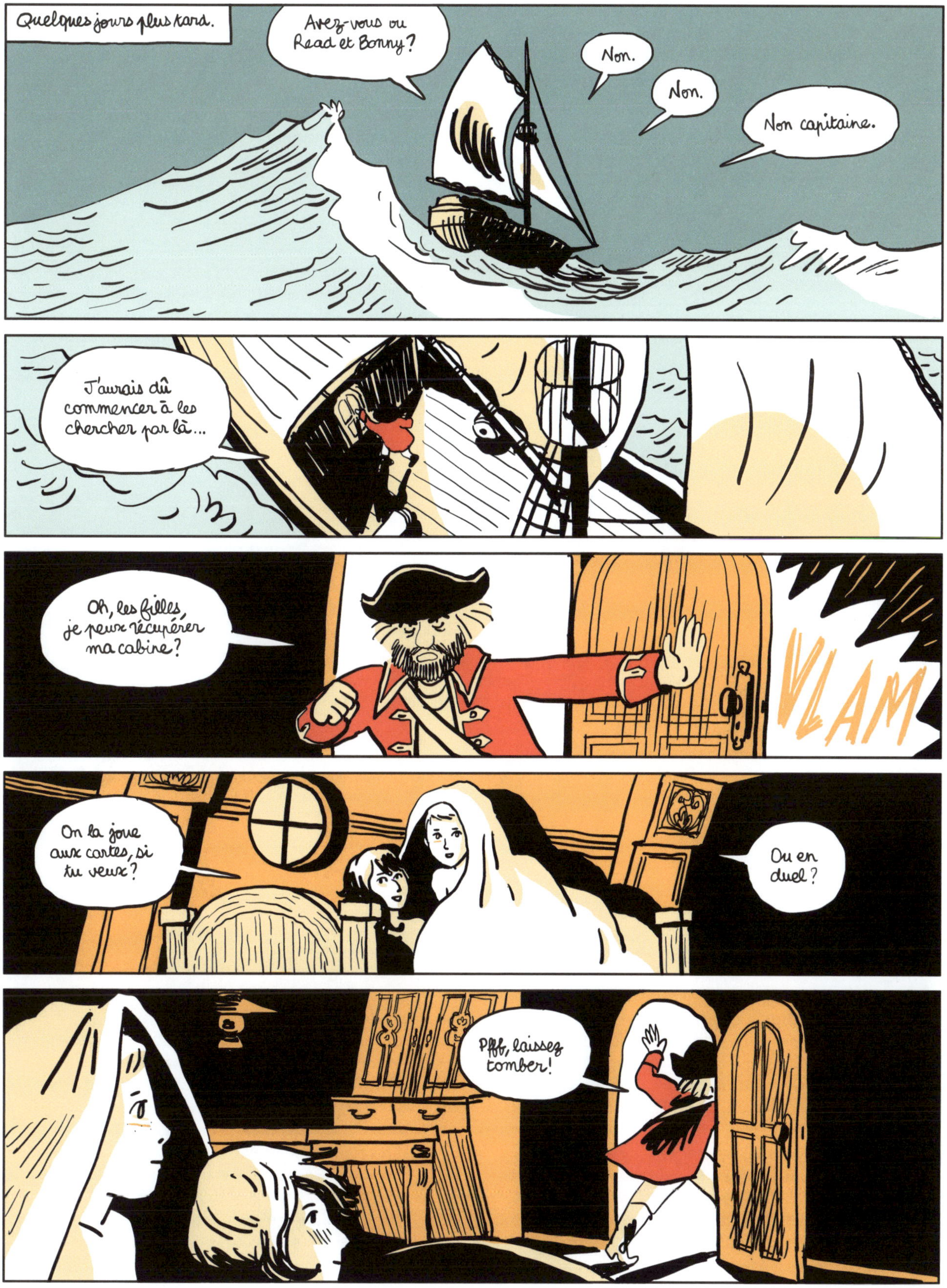
Quelques jours plus tard.
Avez-vous vu Read et Bonny ?
Non.
Non.
Non capitaine.
J'aurais dû commencer à les chercher par là...
Oh, les filles, je peux récupérer ma cabine ?
VLAM
On la joue aux cartes, si tu veux ?
Ou en duel ?
Pfff, laissez tomber !

POUR ALLER + LOIN MARY & ANNE

LA RÉALITÉ DÉPASSE LA FICTION

La dessinatrice Lisa Lugrin et le scénariste Clément Xavier expliquent comment ils ont abordé l'incroyable histoire des deux illustres femmes pirates.

La première fois que nous avons entendu parler de Rackham le Rouge, c'était au détour d'un album de Tintin, quand nous étions enfants. Vu le rôle quasi inexistant dévolu aux femmes dans les bandes dessinées de l'époque, il n'est pas surprenant qu'Anne Bonny (vers 1698-1782) et Mary Read (vers 1690-1721), qui, en tant que pirates, accompagnaient Rackham, soient restées dans l'ombre. Pourtant, dès 1724 le mystérieux capitaine Charles Johnson, probable pseudonyme de Daniel Defoe, l'auteur de *Robinson Crusoé*, relate leurs parcours dans *A General History of the Robberies and Murders of the Most Notorious Pyrates* ou *Histoire générale des plus fameux pyrates*[1]. Tout en attestant de la stricte véracité de ses propos, l'auteur prévient : *« Les étranges péripéties de leurs vies errantes sont telles qu'on pourrait être tenté de juger que leur histoire n'est que fable ou roman. »* En effet, l'existence de ces deux femmes est un festival d'action et de rebondissements, qui battent en brèche les stéréotypes de genre. Piqué·es de curiosité, nous avons creusé le sujet, et appris que les pirates avaient une conscience politique aiguë, qui s'exprimait notamment à travers leur code d'honneur, la chasse-partie, annonciatrice de la Sécurité sociale et de la démocratie directe. On s'est quand même demandé si, malgré l'avertissement du capitaine Johnson, Mary et Anne, trop parfaites pour être vraies, n'étaient pas le fruit de son imagination débridée. Mais d'autres sources, comme *The Tryal of John Rackam and other Pirates*, une version imprimée en 1721 du procès de John « Jack » Rackham, transcrite par Robert Baldwin, semble attester la présence des deux femmes à Spanish Town, sur l'île de la Jamaïque, jugées au côté de Rackham, après leur arrestation par les affidés du gouverneur de l'île, un an plus tôt. Le compte rendu de ce procès-fleuve offre des dates, des noms, et des témoignages permettant de reconstituer en partie le puzzle de leurs vies errantes. Ouvrir le récit sur la rencontre d'Anne et Mary nous semblait évident, c'est un point de bascule dans leurs existences respectives. En étant admise parmi les pirates, Mary découvre leur organisation. On s'embarque donc avec elle, littéralement, sur le sloop de Rackham, dans un monde bien plus libre que celui qu'elle connaissait jusque-là. Pour les dessins, Lisa a consulté des dizaines d'ouvrages sur les pirates, regorgeant de somptueuses gravures d'époque et de détails inattendus. Par exemple, les pirates avaient toujours deux pistolets sur eux au cas où l'un s'enraye, leurs sabres étaient courts pour ne pas se prendre dans les cordages, et nombre d'entre eux naviguaient sur des sloops, petites embarcations plus maniables et plus faciles à cacher que les galions.

[1]. Bien que considéré comme la bible par les amateur·ices de piraterie, *A General History of the Pyrates*, Londres, 1724, de Charles Johnson n'a été traduit intégralement en français que tardivement, aux éditions Phébus, sous le titre *Histoire générale des plus fameux pyrates*, t. I : *Les Chemins de fortune*, traduction de Guillaume Villeneuve et Henri Thiès, 2010 [1991] et *t. II : Le Grand Rêve flibustier*, traduction de Guillaume Villeneuve, 2012 [1991]. L'éditeur attribue l'ouvrage à Daniel Defoe.

Mary Read dévoile sa poitrine à sa victime.
Gravure d'Alexandre Debelle tirée du livre de P. Christian, *Histoire des pirates et corsaires de l'Océan et de la Méditerranée depuis leur origine jusqu'à nos jours*, éditions Cavaillés, 1846.

ET APRÈS ?

Les 16 pages de BD que nous publions ici ne s'attardent que sur quelques jours de la vie d'Anne Bonny et Mary Read. On pourrait légitimement se demander ce qu'elles sont devenues après cette aventure dans les mers des Caraïbes. Le compte rendu du procès en 1720 de Jack Rackham et de ses allié·es donne quelques éléments de réponse. Il semblerait qu'une des erreurs les plus monumentales du capitaine fut d'avoir épargné la vie d'un grand nombre de ses victimes – sans tenir compte des recommandations contraires d'Anne et Mary, qui avaient bien conscience qu'une telle clémence risquait de se retourner contre l'équipage. Leur procès a donc vu se succéder plusieurs individus établissant avec certitude leur culpabilité, synonyme de peine de mort. Pour retarder leur trépas, Anne et Mary prétextèrent, devant les juges, qu'elles étaient enceintes. Les tuer aurait du même coup condamné les « innocentes créatures » qu'elles abritaient. Il fut donc entendu qu'elles seraient exécutées après avoir accouché. Mary mourut de la fièvre jaune avant de mettre au monde son enfant. Rien n'indique qu'Anne était réellement enceinte, et on perd sa trace après que son riche père intercéda en sa faveur pour obtenir sa grâce.

LES ÉCUMEUSES DES MERS

Historienne de l'art et archéologue, Marie-Ève Sténuit, dresse les portraits d'une dizaine d'«écumeuses des mers». L'autrice rappelle que nous ne connaissons que celles qui ont été démasquées, mais que de nombreuses autres «aventurières de l'ombre» ont sillonné les mers sans jamais se faire prendre. Ce qui saisit d'emblée dans cet ouvrage, c'est la présence de femmes pirates sur toutes les mers du globe, depuis le Moyen Âge jusqu'à l'entre-deux-guerres. Leurs existences se font écho. Par exemple, Alfhild, princesse de Gotland, est devenue l'une des Vikings les plus redoutables de son époque après avoir pris la tangente sur un drakkar, déguisée en homme pour échapper à un mariage arrangé. Cela rappelle le parcours d'Anne Bonny, quelques siècles plus tard.

Marie-Ève Sténuit, *Femmes pirates. Les écumeuses des mers*, édition du Trésor, 2015.

L'UTOPIE PIRATE

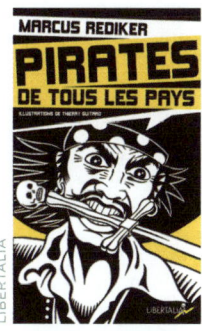

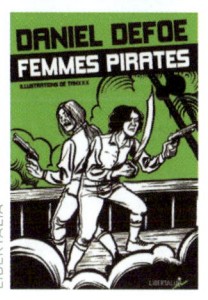

Markus Rediker est LE spécialiste incontesté des pirates. Professeur d'histoire à l'université de Pittsburgh, issu d'une famille ouvrière, il est un partisan de l'«histoire d'en bas», qui s'intéresse au point de vue des gens ordinaires plutôt qu'à celui des élites. *Pirates de tous les pays*, publié aux éditions Libertalia, offre des biographies hautes en couleur de ces damnés de la mer qui entendaient mener une «vie courte et joyeuse» en luttant contre un capitalisme maritime en plein essor, à l'image du commerce international et de la constitution des empires. Rediker décrit minutieusement l'organisation sociale des pirates, dont on entend encore résonner la voix à travers les comptes rendus de leurs procès.

Femmes pirates est également publié chez Libertalia, qui, en tant que maison d'édition, revendique un attachement à la geste pirate. Le livre propose en version bilingue des extraits de l'*Histoire générale des plus fameux pyrates* attribuée à Daniel Defoe en se concentrant sur les cas des femmes, le tout illustré par la dessinatrice Tanxxx.

Markus Rediker, *Pirates de tous les pays*, Libertalia, 2008.
Daniel Defoe, *Femmes pirates*, Libertalia, 2015.

MARY READ EN PLEINE TEMPÊTE

Ce roman allie avec talent récit d'aventures et précision historique – son auteur, Alain Surget, enseigna l'histoire avant de se consacrer à la littérature jeunesse. Les descriptions du quotidien des marins et des pirates du XVIIIe siècle sont très réalistes, et dépoussièrent le genre de ses sempiternels clichés. Quant à Mary Read, son caractère apparaît bien trempé, et elle n'hésite pas à braver les interdits de son époque. Elle aime l'action, la bagarre, la liberté et se projette dans le vaste monde en quête d'aventure, ringardisant les histoires de gentilles princesses en détresse.

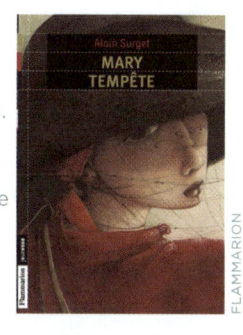

Alain Surget, *Mary Tempête*, Flammarion jeunesse, 2007.

« JE REGRETTE DE VOUS VOIR DANS UN TEL ÉTAT, MAIS SI VOUS VOUS ÉTIEZ BATTU COMME UN HOMME, VOUS N'AURIEZ PAS À MOURIR COMME UN CHIEN. »

Voilà les dernières paroles qu'aurait adressées Anne Bonny à Jack Rackham, avant qu'il ne soit pendu. Le jour de leur capture, l'équipage était complètement saoul et n'opposa aucune résistance, à l'exception d'Anne et Mary, qui luttèrent farouchement.

Citation extraite de *Histoire générale des plus fameux pyrates*.

Le 4 juin 2018, lors d'une manifestation organisée par le collectif La rage des femmes dans ta face à Nantes, devant le Stéréolux, pour protester contre un concert de Bertrand Cantat.

L'AFFAIRE CANTAT

DU « CRIME PASSIONNEL » AU FÉMINICIDE

TEXTE **Rose Lamy**
(Lire sa bio page 144.)

Le 1ᵉʳ août 2003, la comédienne Marie Trintignant meurt des suites des coups portés par son compagnon, le chanteur Bertrand Cantat. C'est le « crime passionnel » d'un rockeur romantique, assurent ceux qui prennent sa défense. Sept ans plus tard, pour son grand retour sur scène, un nouvel argument est brandi : il faudrait séparer l'homme de l'artiste. L'autrice et activiste Rose Lamy revient sur cette affaire qui marque un tournant, en France, dans l'histoire des féminicides.

On parle traditionnellement de l'affaire Cantat, mais il serait plus juste de parler « des » affaires Cantat. Car l'histoire, telle qu'on peut la raconter aujourd'hui, se déroule en deux temps. Il y a la mort de Marie Trintignant sous les coups de Bertrand Cantat en 2003, qui produit la sidération de l'opinion publique, et un traitement médiatique plus appliqué à défendre la réputation de l'*homme* qu'à restituer des faits pourtant établis par les rapports d'autopsie. Et il y a l'indignation que provoque le retour de l'*artiste* sur la scène musicale et médiatique en 2010 à la demande express d'un *boys' club*[1]. Tant qu'il purgeait sa peine – en prison, puis en liberté conditionnelle –, les féministes se sont tues. Mais en 2010, « *la reprise de ses concerts et l'accueil en héros qu'il a reçu ont mis le feu aux poudres* », se souvient Isabelle Germain, créatrice du média féministe *Les Nouvelles News* en 2009. Car, ainsi que l'a démontré Valérie Rey-Robert dans *Une culture du viol à la française* (Libertalia, 2019), si tout le monde prétend vouloir lutter contre les violences sexistes, il n'y a plus grand monde quand il s'agit de se désolidariser d'un ami compromis, ou d'arrêter de consommer les œuvres d'artistes accusés ou jugés coupables.

UNE VINGTAINE DE COUPS DE POING

Dans la nuit du 26 au 27 juillet 2003, Bertrand Cantat frappe sa compagne, Marie Trintignant, à plusieurs reprises, au cours d'une violente dispute. Les médecins ne réussissent pas à la sauver ; elle meurt le 1er août 2003. Bertrand Cantat est le leader de Noir Désir, un groupe de rock très populaire et réputé de gauche pour ses textes et ses prises de position anticapitalistes. Marie Trintignant est comédienne, fille de l'acteur Jean-Louis Trintignant et de la réalisatrice Nadine Trintignant.

Cet été 2003, ils se trouvent sur le tournage du téléfilm *Colette, une femme libre* à Vilnius, en Lituanie, et un soir, à l'hôtel, ils se disputent au sujet des SMS qu'elle échange avec son ex-compagnon. Bertrand Cantat donne à Marie Trintignant plusieurs coups de poing, une vingtaine selon les experts. Elle est sonnée ou déjà dans le coma quand il la met au lit un peu après 1 heure. « *J'ai cru qu'elle dormait, elle respirait normalement* », se défendra Bertrand Cantat devant le tribunal de Vilnius. Elle saigne du visage et l'hémorragie cérébrale a probablement commencé.

Bertrand Cantat appelle Samuel Benchetrit, ex de Marie Trintignant et sujet de la dispute qui vient de se produire. Ce dernier s'inquiète, mais le chanteur lui assure que tout est rentré dans l'ordre : elle dort. Bertrand Cantat raccroche, reste seul quelques minutes. L'hématome sous-dural s'étend. Il appelle ensuite le frère de Marie Trintignant, Vincent, qui est sur place à Vilnius. Ce dernier le rejoint dans la chambre, il passe voir Marie – qui semble dormir –, entend son souffle. Elle est déjà dans le coma. Il est 7h15, plusieurs heures après les coups, lorsqu'il passe une deuxième fois et qu'il voit le sang s'écouler de la bouche de sa sœur. Il appelle alors les secours.

LA FAUTE AU RADIATEUR ... ET À LA JALOUSIE

En cet été de grande canicule, les médias français se saisissent de l'affaire, qui remplit les colonnes et les écrans – les réseaux sociaux, rappelons-le, n'existent pas encore. Largement relayées, les premières explications du chanteur devant la police lituanienne reprennent le mythe patriarcal de « la dispute qui a mal tourné ». Bertrand Cantat affirme avoir poussé Marie Trintignant, qui serait tombée sur un radiateur – une version qui restera longtemps imprimée dans les esprits. Pourtant, le rapport d'autopsie publié la semaine suivante est formel : il n'y a qu'une ecchymose au crâne compatible avec une lésion de chute et celle-ci n'a entraîné ni « *plaie cutanée ni fracture crânienne* ». Dominique Lecomte et Walter Vorhauer, médecins légistes à l'institut médico-légal de Paris, ajoutent : « *C'est l'ensemble des traumatismes et surtout les violents mouvements de va-et-vient de la tête qui ont été responsables des lésions mortelles observées.* »

Après ce rapport qui infirme sa première version, Bertrand Cantat admet avoir donné « *au moins quatre gifles très violentes* ». Mais comme l'écrira Laurent Valdiguié le 16 mars 2004 dans *Le Parisien*, « *Les faits sont têtus. Dix-neuf coups traumatisants, dont sept au visage, ont provoqué le coma, puis la mort de Marie Trintignant. Qui les a portés ? Bertrand Cantat, qui le reconnaît.* »

La société résiste de toutes ses forces à une vérité difficile à admettre : *tous les hommes,*

---

[1]. Ce terme désigne un réseau informel d'hommes qui se cooptent et s'entraident dans le cadre professionnel ou social.

même les hommes blancs, de gauche et artistes admirés, peuvent commettre l'irréparable, en tuant la femme qu'ils prétendent aimer. Pour éviter de se remettre en question, ils ont tendance à se réfugier derrière des mythes, des croyances et des stéréotypes qui transfèrent la responsabilité des violences sexistes. Ce sont les femmes qui « l'auraient bien cherché » ou d'autres hommes qui sont désignés coupables : ceux du passé, qui se comportaient mal, des classes dominées ou les hommes racisés. Cette fois, l'accusé est un semblable. Il faut donc former un front solidaire pour soutenir celui à qui, bien des fois, on s'est identifié en écoutant ses chansons.

De nombreux articles et prises de parole publiques s'attachent ainsi à minimiser cette violence qui a pourtant entraîné la mort. Les faits sont romantisés, c'est-à-dire qu'on les présente comme une conséquence acceptable du sentiment amoureux. C'est une tradition française qu'on retrouve dans de nombreuses œuvres, comme la chanson populaire de Johnny Hallyday *Requiem pour un fou* : *« Je l'aimais tant que pour la garder je l'ai tuée. »* En octobre 2003, dans le magazine *Rock & Folk*[2], le musicien et critique de rock Patrick Eudeline habille Bertrand Cantat du costume de l'amoureux éconduit, évoquant un drame shakespearien : s'il a tué sa compagne, c'est parce qu'il était jaloux : *« Ce soir-là, l'indicible fut consommé. L'indicible des rapports de couple, de l'amour, du quiproquo de la passion. »*

Pour *Le Monde*[3], il est aussi question de jalousie : *« Le chanteur n'en finit pas d'interroger sa compagne sur sa relation avec Samuel Benchetrit. Elle boit, fume et ne lui répond pas. Il s'énerve, insiste, brise un verre. »*

SES MOTS À ELLE JUGÉS PLUS GRAVES QUE SES COUPS À LUI

Pour diminuer la responsabilité de l'homme, il est également nécessaire de mettre à distance l'humanité de la femme, afin que sa mort ne provoque pas trop d'empathie. Patrick Eudeline, toujours dans *Rock & Folk*, va jusqu'à attribuer une valeur différente aux chagrins des familles : *« Que l'image de la famille Cantat, de son ex (la mère de ses enfants…), de son frère, du groupe accouru, font mal… ! Plus encore que celle du clan Trintignant décomposé par la douleur. C'est que la mort est propre au moins. Terrible, mais définitive. »*

Dans un autre registre, dès novembre 2003, soit quatre mois après les faits, l'avocat de Bertrand Cantat, Olivier Metzner, sème le doute sur l'honorabilité de la victime en demandant une enquête sur un accident de voiture qu'elle aurait provoqué dans la nuit du 5 au 6 août 1991. La Renault Clio de Marie Trintignant avait alors violemment heurté un véhicule de l'équipe technique sur un tournage, et elle avait été projetée à travers le pare-brise, puis hospitalisée pour de multiples blessures à la face. Elle avait 2,78 grammes d'alcool par litre de sang, ce qui lui avait valu une condamnation à deux mois de prison avec sursis et un an de suspension de permis. Douze ans plus tard, cette séquence de la vie de Marie Trintignant est instrumentalisée par la défense de Bertrand Cantat pour expliquer la fracture-éclatement des os propres du nez relevée à l'autopsie. *« Il s'agit de vérifier tout ce qui pourrait expliquer la fragilité physique de Marie*[4], tente de justifier Olivier Metzner. La transformation du réel est spectaculaire : ce n'est plus l'homme qui tue à coups de poing, mais c'est le nez et le crâne de la victime qui cèdent trop facilement sous les coups.

> **TOUS LES HOMMES, MÊME LES HOMMES BLANCS, DE GAUCHE ET ARTISTES ADMIRÉS, PEUVENT COMMETTRE L'IRRÉPARABLE, EN TUANT LA FEMME QU'ILS PRÉTENDENT AIMER.**

2. Patrick Eudeline, « La ballade de Marie et Bertrand », *Rock & Folk*, n° 434, octobre 2003.

3. Pascale Robert-Diard, « L'affaire Bertrand Cantat : Marie Trintignant, l'amour battu », *Le Monde*, 25 août 2006.

4. Stéphane Bouchet, « Polémique sur un accident de la route », *Le Parisien*, 28 novembre 2003.

> LA TRANSFORMATION DU RÉEL EST SPECTACULAIRE : CE N'EST PLUS L'HOMME QUI TUE À COUPS DE POING, MAIS C'EST LE NEZ ET LE CRÂNE DE LA VICTIME QUI CÈDENT TROP FACILEMENT SOUS LES COUPS.

Minimiser, c'est aussi donner une importance égale aux paroles de Marie Trintignant et aux coups de Bertrand Cantat. En septembre 2003, dans une tribune publiée dans *Libération*[5], l'écrivain Jacques Lanzmann estime que les coups de poing sont une réponse justifiée aux provocations verbales de Marie Trintignant : «*On frappe. On frappe pour faire taire les mots qui tuent. On frappe pour en finir avec les mots* », parce que «*les mots font plus mal que les coups*». L'infatigable Patrick Eudeline imagine aussi la scène : « *"Mais tais-toi donc!" Elle ne se tait pas. Bien sûr. Alors, il frappe. Elle tombe.* » Ce recours à la violence pour faire taire une femme – qui pourtant, d'après *Le Monde*, refusait de parler – semble partagé par le groupe des commentateurs et commentatrices : «*Je ne connaissais pas Cantat, mais comme tout le monde ou presque, je m'imagine à sa place ce soir-là, je ressasse toutes les violences, les cris, les scènes, les jalousies, tout ce que j'ai vécu, moi aussi, et qui aurait pu mal tourner*», confie Patrick Eudeline. On n'est plus seulement dans la fiction, mais dans l'autofiction.

Marie Trintignant n'est plus, à travers ce récit, qu'un objet, un obstacle sur le chemin d'un homme devenu victime. Cette désensibilisation publique à son sort est notamment ce qui permettra presque vingt ans plus tard de continuer à en rire sur le site Internet *Purepeople*: «*Marie Trintignant : son fils Jules, futur mannequin? Leur ressemblance "frappante"*»[6].

APPARAÎT L'INJONCTION : IL FAUT SÉPARER L'HOMME DE L'ARTISTE

Bertrand Cantat est jugé en Lituanie un an après les faits, et sa défense commence par plaider le « crime passionnel » – un crime reconnu par le Code pénal lituanien, qui peut être puni d'une peine de prison de six ans au maximum. Cette qualification pénale n'existe pas en revanche dans la loi française, où l'on considère, au contraire, depuis 1994 que commettre un homicide sur un·e conjoint·e est une circonstance aggravante. Les féministes montent alors au créneau. Isabelle Alonso, cofondatrice des Chiennes de garde, écrit sur son blog : «*Insinuer que Marie n'était pas une sainte ou soumettre la victime d'un viol à une enquête de moralité relève d'une démarche identique : il s'agit de chercher dans la vie de la victime une justification à l'agression.*» Et puis il y a la chanteuse Lio, amie de Marie Trintignant, elle-même victime de violences intrafamiliales, qui laissera sa colère éclater sur le plateau TV de Thierry

Ardisson le 29 mars 2004 : « *Dire que Marie était responsable de sa mort avec lui, que c'est la passion et l'amour qui l'ont tuée, non ! L'amour n'apporte pas la mort, ou alors c'est une erreur absolue et totale. [...] Marie est morte sous ses coups !* »

En mars 2004, huit mois après les faits, Bertrand Cantat est condamné par la justice lituanienne à huit ans de prison pour meurtre commis en cas d'intention indirecte indéterminée, soit l'équivalent de ce que la justice française définit dans l'article 222-7 du Code pénal comme violences ayant entraîné la mort sans intention de la donner. Transféré à la prison de Muret (Haute-Garonne) en septembre 2004, il purge sa peine jusqu'au 15 octobre 2007, date à laquelle il obtient une libération conditionnelle.

En juillet 2010, son contrôle judiciaire prend fin, et c'est le retour de l'artiste, de l'homme public qui n'a plus l'interdiction de produire « *tout ouvrage ou œuvre audiovisuelle liée à la mort de Marie Trintignant* » ou de s'exprimer sur les faits. Quand il revient dans l'arène médiatique, une question éthique et morale est cependant posée : peut-on célébrer un homme jugé coupable de féminicide ? Une des réponses à cette interrogation légitime est ni plus ni moins une injonction patriarcale : « *Il faut séparer l'homme de l'artiste.* » Les hommes – qui revendiquent pourtant haut et fort la rationalité comme un des attributs du masculin – s'acharnent, affaire après affaire, à suivre ce chemin intellectuel sinueux, pour ne pas dire tordu, sans parvenir à masquer l'essentiel : consommer les œuvres de l'artiste augmente le capital financier et l'influence de l'homme face à ses victimes ou aux féministes qui lancent l'alerte.

Quand les hommes sont accusés de violences sexistes et sexuelles, il est admis que ce n'est pas « si grave ». On nous invite à distinguer leurs fonctions exceptionnelles ou leurs apports publics au monde de ce qui relèverait de leurs vies privées. C'est en vertu de ce principe tacite que Nicole Belloubet, alors garde des Sceaux, répond aux accusations de viols et d'abus de faiblesse contre Gérald Darmanin, son collègue ministre de l'Action et des Comptes publics (depuis juillet 2020 à l'Intérieur) : « *Au demeurant, [il] est un excellent ministre du Budget.* » « *Les femmes ne sont jamais qu'une chose. Mais aux hommes sont accordées mille dimensions. Violeurs, "on leur doit" de reconnaître qu'ils ne sont pas "que ça". La violence est contrebalancée par ce que les hommes "apporteraient"* » à la société. *Ce troc patriarcal doit cesser* », résume Kaoutar Harchi dans un tweet le 15 décembre 2021 en réponse au journal *L'Équipe*, qui relativise les accusations de viol du nageur Yannick Agnel au regard de sa carrière prestigieuse.

UN RETOUR EN HÉROS, MAIS L'IMAGE SE LÉZARDE

Dans le secteur des musiques actuelles, milieu dans lequel je travaillais encore en 2010, je suis aux premières loges pour observer ce phénomène. Les hommes occupent alors 80 % des postes de direction de salles et 77 % des postes de programmation (en 2018, selon la dernière étude en date[7], les hommes occupent 88 % des postes de programmation et 75 % des postes de direction). Ils ont le pouvoir de faire et défaire les carrières. Ce sont eux qui ont décidé le retour de Bertrand Cantat en héros. En réunion d'équipe, on ne s'embarrassait pas de scrupules éthiques. On se demandait plutôt quel festival, quelle salle de musique actuelle aurait le privilège de faire jouer Bertrand Cantat en premier ou quel titre de presse spécialisé aurait l'exclusivité de son interview.

Le retour de Bertrand Cantat se fait finalement sur la scène du festival Les Rendez-Vous de Terres Neuves, à Bègles, en Gironde, le 2 octobre 2010, environ trois mois après la levée de son contrôle judiciaire, à l'invitation du groupe Eiffel. Romain Humeau, le chanteur, appelle « *un ami, presque un frère* » à le rejoindre sur scène. Si les médias généralistes relaient l'information en prenant soin de rappeler les faits reprochés à Bertrand Cantat, la presse musicale ne s'encombre pas de ce « détail ». On devine le soulagement d'une certaine caste musico-intellectuelle à pouvoir enfin retrouver son idole. *Les Inrocks* s'enflamment : Bertrand Cantat « *renaît à la musique. Libéré*[8]. » Même excitation chez un chroniqueur du webzine *La Grosse Radio* qui conclut : « *Les quelques frissons qu'il aura finalement réussi à produire dans l'assistance sont autant de choses que ni moi ni les personnes présentes serons près d'oublier*[9]. »

Pourtant, la réputation de Cantat commence à se lézarder, y compris dans le domaine de la musique. La première ombre au tableau vient de Serge Teyssot-Gay, cofondateur de Noir Désir, en novembre 2010 : « *Je fais part de ma décision de ne pas reprendre avec Noir Désir, pour désaccords émotionnels, humains et musicaux avec Bertrand Cantat,*

5. Jacques Lanzmann, « Les mots qui tuent », *Libération*, 19 septembre 2003.

6. Le titre de cet article publié le 28 novembre 2020 dans *Purepeople*, a depuis été modifié : « Leur ressemblance "*frappante*" » a été remplacé par « Leur ressemblance largement soulignée ».

7. Collectif, « L'emploi permanent dans les lieux de musiques actuelles », *Volume !*, mis en ligne le 5 septembre 2018.

8. Marc Besse, « Sur scène avec Eiffel, Bertrand Cantat renaît à la musique », *Les Inrockuptibles*, octobre 2010.

9. Robix66, « Eiffel à Terres Neuves (avec Bertrand Cantat) », *La Grosse Radio*, 13 octobre 2010.

rajoutés au sentiment d'indécence qui caractérise la situation du groupe depuis plusieurs années. » Le lendemain, c'est le batteur du groupe, Denis Barthe, qui annonce la fin de l'activité du groupe de rock français, maintenu «*en respiration artificielle pour de sombres raisons* ».

LA DOUBLE PEINE DE KRISZTINA RÁDY

Depuis le suicide de son ex-épouse, la traductrice et écrivaine d'origine hongroise Krisztina Rády, en janvier 2010, des voix s'élèvent pour dénoncer la responsabilité de Bertrand Cantat dans sa disparition. La mère de ses deux enfants, qui l'a soutenu lors de son procès à Vilnius et auprès de qui il est revenu vivre après sa libération, s'est pendue alors qu'il dormait dans une autre pièce de la maison. En 2013, un message vocal à ses parents faisant état de violences intrafamiliales est rendu public : «*Hélas, je n'ai pas grand-chose de bon à vous offrir, et pourtant il aurait semblé que quelque chose de très bon m'arrive, mais en l'espace de quelques secondes Bertrand l'a empêché et l'a transformé en un vrai cauchemar qu'il appelle amour. Et j'en suis maintenant au point [...] qu'hier j'ai failli y laisser une dent, tellement cette chose que je ne sais comment nommer ne va pas du tout. [...] Mon coude est complètement tuméfié et malheureusement un cartilage s'est même cassé, mais ça n'a pas d'importance tant que je pourrai encore en parler.* »

L'information, présentée dans *Closer* comme « *Un nouveau drame qui frappe le chanteur* », est-elle la manifestation du sort tragique qui s'acharne sur Bertrand Cantat ? Ce n'est pas ce que pense l'avocate Yael Mellul, spécialiste des violences conjugales. En 2013, elle demande une réouverture de l'enquête sur le suicide de Krisztina Rády pour faire reconnaître la notion de « suicide forcé », notion qui définit les suicides de femmes ayant été précédés de violences psychologiques de la part de leur conjoint. En 2018, ayant quitté le barreau et devenue présidente de l'association féministe Femme et Libre, elle dépose plainte de nouveau contre Bertrand Cantat pour violences ayant entraîné la mort sans intention de la donner. Dans un courrier adressé au parquet de Bordeaux, que *Le Journal du dimanche* avait pu consulter, Yael Mellul rapportait les extraits d'une lettre de Krisztina Rády faisant état des violences exercées par son ex-compagnon. La plainte a finalement été classée sans suite et Bertrand Cantat, à son tour, portera plainte pour dénonciation calomnieuse.

En octobre 2013, le chanteur est de nouveau célébré en une des *Inrocks*. «*Si on voulait lui parler, c'était qu'[...] au-delà de l'effroi face à ce meurtre passionnel absurde, on ne reconnaissait pas le Bertrand Cantat décrit par une certaine presse qui avait largement battu en dégueulasserie, lynchage et enquêtes bâclées les tabloïds anglais que la France sait si bien montrer du doigt* », se justifie le rédacteur en chef du mensuel, Jean-Daniel Beauvallet. Plus loin, il accuse les féministes d'être contre la réhabilitation d'un homme qui a purgé sa peine : «*On ne peut lui interdire le droit d'exercer son métier au nom de la morale, de la décence : ça serait nier le travail et les décisions des tribunaux.* » Une indignation, là encore, assez sélective : *Les Inrocks* ne se sont jamais offusqués qu'un délinquant ou un criminel ne puisse plus travailler dans la fonction publique en raison de son casier judiciaire.

En 2017, trois semaines après la vague #MeToo, Bertrand Cantat est d'ailleurs à nouveau en une du magazine. Des honneurs similaires sont réservés au réalisateur Roman Polanski, pourtant accusé de violences sexistes et sexuelles, lorsqu'il est couronné par le césar de la meilleure réalisation en 2020. Les faits reconnus – avoir drogué une jeune fille de 13 ans pour la sodomiser – n'émeuvent pas plus la « grande famille » du cinéma français qu'un féminicide n'a bouleversé le milieu musical.

C'est que, en France, les élites culturelles ont un statut à part. Norimitsu Onishi, correspondant du *New York Times* à Paris, le notait encore en 2020[10] à propos de l'affaire Matzneff : «*La France a beau être un pays profondément égalitaire, son élite tend à se démarquer des gens ordinaires en s'affranchissant des règles et du code moral ambiant, ou, tout au moins, en défendant haut et fort ceux qui le font.* » Le résultat, paradoxal, est que les affaires ne sont jamais closes. En novembre 2021, et presque vingt ans après la mort de Marie Trintignant, lorsque Wajdi Mouawad fait appel à Bertrand Cantat pour signer la musique de sa pièce de théâtre *Mère* au théâtre de La Colline, les féministes ripostent avec une manifestation et un happening le soir de la première. Il ne s'agissait pas d'une apparition publique pour Cantat. Mais en le défendant comme ils l'ont fait, les membres du fameux «*boys' club*» ne lui ont peut-être pas rendu service. C'est à ce genre de détail qu'on reconnaît aussi le patriarcat : personne n'en sort jamais vraiment grandi. ●

10. Norimitsu Onishi, « Un écrivain pédophile – et l'élite française – sur le banc des accusés », *The New York Times*, 11 février 2020.

POUR ALLER + LOIN L'AFFAIRE CANTAT

À MORT L'AMOUR

ENQUÊTE

Les journalistes au *Parisien* Stéphane Bouchet et Frédéric Vézard ont eu accès aux pièces du dossier : comptes rendus d'auditions et interrogatoires de témoins clés réalisés par les polices lituanienne et française. S'appuyant également sur de nombreux témoignages de proches et de protagonistes de l'affaire, ils proposent une enquête fouillée qui nourrit cependant, comme son titre l'indique, la thèse de l'amour fusionnel à l'origine d'un « crime passionnel ».

Stéphane Bouchet et Frédéric Vézard, *Marie Trintignant – Bertrand Cantat, l'amour à mort*, éd. L'Archipel, 2013.

DE MÈRE EN FILLE

LIVRE

Écrit par la réalisatrice Nadine Trintignant, ce livre, produit dans la douleur extrême quelques semaines après la mort de sa fille Marie, suscite dès sa sortie une polémique médiatique et juridique, alors que le procès n'a pas encore eu lieu. La défense de Bertrand Cantat tente de le faire interdire et demande la suppression du mot *meurtrier*, qui apparaît 85 fois pour désigner le chanteur. Si la justice a reconnu que le livre constituait bien « *une atteinte à la présomption d'innocence* », il n'a pas été retiré du marché, et seules les mentions du terme *assassinat* – qui suppose une préméditation – ont été retirées par l'éditeur.

Nadine Trintignant, *Ma fille, Marie*, Fayard, 2003.

LA TRAGÉDIE DE VILNIUS SUR FRANCE INTER

RADIO

Dans l'épisode du 2 juin 2016 de l'émission « Affaires sensibles », animée par Fabrice Drouelle, le récit documentaire de 54 minutes de Simon Maisonobe, « Bertrand Cantat, Marie Trintignant. La tragédie de Vilnius » revient sur « *un féminicide médiatisé, un meurtre conjugal qui révèle une réalité tragique en France. Cette histoire interroge tout un pan de notre conscience individuelle et collective.* »

DOCUMENTAIRE

Dix-sept ans après la mort de Marie Trintignant, sa mère lui adresse une longue lettre dans un documentaire poignant qui présente la formidable comédienne et la femme attachante qu'elle était. La réalisatrice convoque aussi la mémoire de ces autres « *femmes battues, humiliées, souillées et si souvent mortes sous les coups d'un amour illusoire* ».

Nadine Trintignant, *Marie Trintignant. Tes rêves brisés*, Arte, 2020.

CONTRE LES MOTS QUI TUENT

BLOG

Sophie Gourion, avec le blog Les mots tuent, s'attaque en 2016 au traitement médiatique des violences sexistes. L'association Prenons la une, composée de femmes journalistes publient la même année un outil visant à améliorer le traitement médiatique des violences faites aux femmes. Le premier article invite à bannir les termes *crime passionnel* ou *drame familial*.

CHRONOLOGIE

2003
26 > 27 juillet
Dans leur chambre d'hôtel à Vilnius, Bertrand Cantat frappe Marie Trintignant à plusieurs reprises, elle tombe dans un coma profond.

1er août
Mort de Marie Trintignant à Paris. Elle est inhumée le 6 août au cimetière du Père-Lachaise à Paris.

2004
Procès de Bertrand Cantat à Vilnius ; il est condamné à huit ans d'emprisonnement.

2007
Bertrand Cantat, qui a été transféré dans une prison française en septembre 2004, obtient sa libération conditionnelle.

2010
Suicide de Krisztina Rády, épouse de Bertrand Cantat.

2013
Bertrand Cantat remonte sur scène pour la première fois depuis sa condamnation.

L'INDE

FOCUS

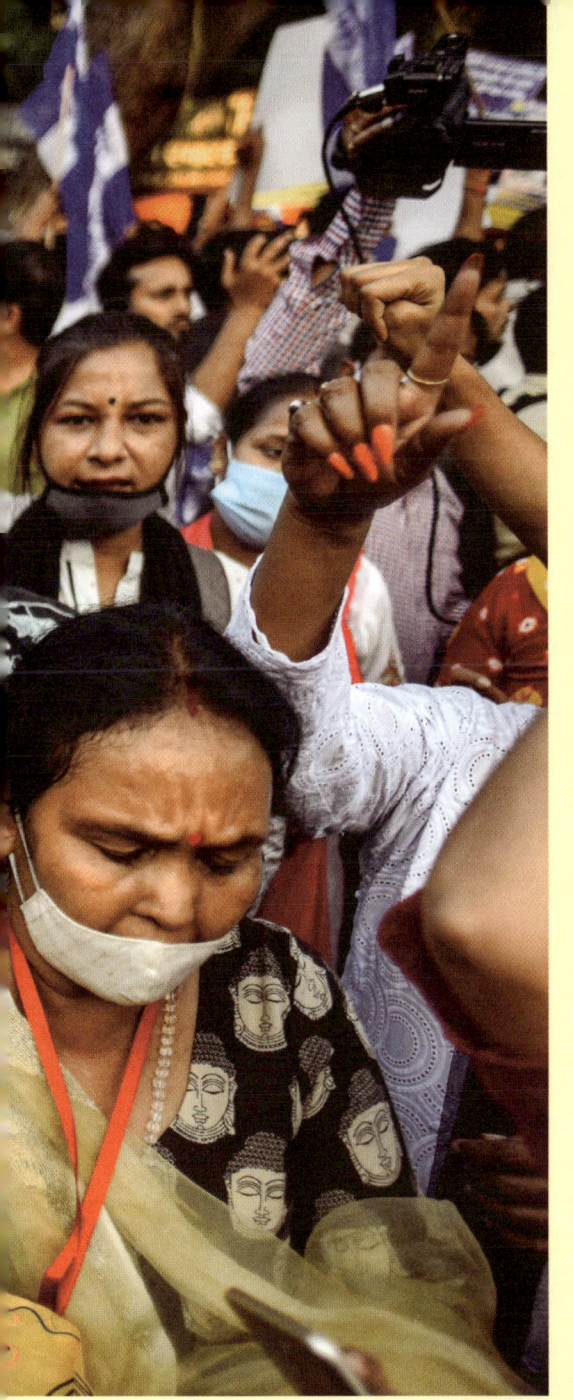

Manifestation à New Delhi le 2 octobre 2020 pour demander justice après qu'une jeune fille, issue de la caste des Dalits (intouchables), a été violée et assassinée par quatre hommes d'une caste supérieure à Hathras, village du nord de l'Inde.
SANCHIT KHANNA/HINDUSTAN TIMES VIA GETTY IMAGES

En Inde, le combat pour les droits des femmes est intimement lié à la lutte du pays pour son indépendance, et les mouvements féministes s'inspirent encore des actions non violentes théorisées par Gandhi. Depuis une décennie, une nouvelle génération prend la relève, à la fois très connectée au monde et investie sur le terrain.

TEXTE **Ingrid Therwath**
(Lire sa bio page 144.)

UN MILLION DE RÉVOLTES FÉMINISTES

Depuis le début de l'année, la société indienne est secouée par un débat important sur la criminalisation du viol marital. La question a ressurgi à l'occasion d'un recours devant la Haute Cour de Delhi, le 12 janvier dernier, formulé par plusieurs associations, telles l'ONG RIT Foundation et All India Democratic Women's Association. Elles réclament la révision de l'article 375 du Code pénal indien, écrit en 1860 sous la domination coloniale britannique, qui définit le « crime du viol » en exemptant de poursuites les rapports sexuels forcés quand ils sont commis dans le cadre d'une union conjugale. Depuis, sur les réseaux sociaux, comme dans les rues de New Delhi, des mobilisations se sont multipliées. Parmi les opposants à la révision de la loi : le gouvernement ultraconservateur et nationaliste hindou de Narendra Modi, au pouvoir depuis mai 2014, et qui, par la voix d'un porte-parole, a appelé à *« ne pas suivre aveuglément l'Occident en criminalisant le viol marital »*. Connue pour certains jugements progressistes (elle est la première instance fédérale à avoir dépénalisé l'homosexualité, en 2009), la Haute Cour de Delhi, sommée de statuer, pourrait rendre un avis favorable à la reconnaissance du viol marital – au moment où nous bouclons ces pages, la décision n'a pas encore été rendue publique.

Cette potentielle avancée majeure pour les droits des femmes en Inde ne doit pas faire perdre de vue que le pouvoir en place fait tout pour maintenir les structures patriarcales. Si le gouvernement met en avant quelques figures féminines comme porte-voix, il défend en réalité une vision patriarcale et ethnonationaliste hindoue de la société indienne. En ligne et hors ligne, l'intimidation des activistes féministes – surtout si elles sont musulmanes – par le gouvernement lui-même ou par ses sympathisant·es a pris des dimensions inégalées. La journaliste Rana Ayyub, attaquée autant pour son travail de reportrice d'investigation critique du régime que pour son appartenance à la minorité musulmane, en est devenue le symbole bien au-delà des frontières de l'Inde. En février dernier, le prestigieux quotidien américain *The Washington Post*, où elle tient une chronique, a publié une pleine page à son sujet en guise de soutien, tandis que l'ONG Reporters sans frontières interpellait directement le gouvernement indien pour qu'il fasse cesser le lynchage médiatique dont elle est victime.

AZADI, UN CRI D'INDÉPENDANCE ET DE LIBERTÉ

Autre manifestation de cette islamophobie institutionnelle : la répression dont sont victimes les musulmanes portant le voile, qui se retrouvent notamment empêchées de poursuivre leur

Le 16 décembre 2013, des manifestant·es commémorent l'agression de Jyoti Singh, dite « Nirbhaya ». Un an plus tôt, la jeune fille avait été torturée et violée par six hommes à New Delhi, avant de décéder des suites de ses blessures.

REUTERS/ADNAN ABIDI

scolarité. Fin février dernier, une vidéo est devenue virale, qui montrait une étudiante musulmane, Muskan Khan, tenir tête à une foule d'hommes hindous. Ceux-ci la harcelaient parce qu'elle protestait contre l'interdiction pour les femmes d'entrer voilées dans certains établissements scolaires de l'État du Karnataka, dans le sud-ouest du pays. La Haute Cour de cet État a confirmé, mi-mars, que les établissements et le gouvernement étaient en droit d'interdire le port du voile à l'école.

En cherchant à freiner des dynamiques progressistes qui travaillent le corps social autant que certaines des plus hautes hautes institutions, le gouvernement de Modi s'inscrit à rebours de toute une tradition historique en Inde, qui articule ensemble depuis plus d'un siècle tous les combats émancipateurs – qu'ils visent à défaire le colonisateur, l'exploiteur, ou le patriarcat. Un mot en restitue l'essence, qui résonne quand on parle des mouvements sociaux en Inde : *azadi*. On l'entend scandé en manifestation par les étudiant·es, les paysan·nes et les féministes. *Azadi*, c'est la liberté aussi bien que l'indépendance, un mot ourdou et hindi qui se comprend par-delà les frontières de l'Inde et qui évoque toutes les luttes contre l'oppression en Asie du Sud depuis la fin du XIXe siècle. *Azadi* est un cri, un espoir. Pas tout à fait un programme mais déjà un objectif. C'est aussi le titre d'un texte de Kamla Bhasin, poétesse, activiste et grande figure du féminisme indien, disparue en septembre 2021.

> « Du patriarcat – libération !
> De la hiérarchie – libération !
> De la violence sans fin – libération !
> Du silence des victimes – libération !
> Pour la liberté de s'exprimer – libération !
> Pour la joie – libération ! »

Ces mots, qu'elle a d'abord entendus dans la bouche de féministes pakistanaises, Kamla Bhasin les a repris lors d'un rassemblement citoyen à New Delhi en 1991.

Azadi, ce mot revient, lancinant, dans toutes les conversations avec des journalistes, des poétesses, des écrivaines, des politiciennes, des chercheuses indiennes au sujet du féminisme. Ces conversations débutent généralement par une invocation des dizaines de noms d'illustres indépendantistes comme Sarojini Naidu (1879-1949), le « rossignol de l'Inde », à la fois femme politique d'exception et poétesse ; Lakshmi Sahgal (1914-2012), dite « capitaine Lakshmi », gynécologue qui lutta contre les Britanniques pendant la guerre d'indépendance avant de mener une carrière politique au sein du Parti communiste indien ; Kamala Devi Chattopadhyay (1903-1988), militante pour les droits des femmes dès les années 1925 et qui prit part à la « marche du sel », campagne de désobéissance civile, initiée en 1930 par Gandhi. Ces figures tutélaires sont une source d'immense fierté : elles permettent de comprendre que l'indépendance de l'Inde, son *azadi*, a été conquise aussi par des femmes, que l'indépendance du pays, intrinsèquement liée aux luttes sociales pour les droits des femmes, ne sera pas complète ni effective tant qu'une partie de la population vivra assujettie au joug patriarcal.

LA QUESTION DU VIOL BOUSCULE ENFIN LE DÉBAT PUBLIC

Progressivement, ce féminisme nationaliste va opérer sa mue en un féminisme postcolonial. Dans les années 1970, deux événements mobilisent une nouvelle génération de femmes, souvent nées après la décolonisation. En 1971, le gouvernement indien, alors dirigé par Indira Gandhi – première (et seule à ce jour) femme à occuper le poste de Première ministre –, nomme un comité de travail sur les statuts des femmes en Inde qui, trois ans plus tard, publie son rapport, *Towards Equality* (« Vers l'égalité »). Rédigé par des grandes figures de la recherche et du féminisme, il fait l'effet d'une bombe, en pointant notamment du doigt la question des fœticides et des infanticides de petites filles, des pratiques si communes qu'elles mènent à un déséquilibre démographique dans de nombreuses régions.

Durant cette décennie, une autre affaire fait grand bruit : Mathura, une jeune fille adivasi[1] est violée par deux policiers alors qu'elle est en détention. Comme Mathura n'était pas vierge au moment des faits, le tribunal juge qu'elle était forcément consentante. Les deux accusés sont acquittés. La vague d'indignation est telle que la question du viol fait enfin son apparition dans le débat public. Les manifestantes réussissent à faire changer la loi : la parole de la victime doit désormais être prise en compte dans une procédure pour viol, ce qui introduit la notion

[1]. Les Adivasi sont l'une des tribus autochtones de l'Inde. Particulièrement touchés par la pauvreté, ses membres constituent une catégorie administrative susceptible de bénéficier de certaines mesures d'aide.

de (non-)consentement. À partir de ce moment, les associations féministes de terrain se multiplient, avec des objectifs et des thématiques particulièrement variées.

LE POINT ROUGE DE LA « BRIGADE DES BINDIS »

« À cette époque naissent tant de mouvements de femmes en Inde ! Des mouvements très proches du terrain, focalisés sur des problèmes concrets, souvent initiés par des partis de gauche, s'enthousiasme la journaliste Sagarika Ghose au téléphone. *Il y a le féminisme des étudiantes et universitaires, des paysannes, des syndicalistes, des ouvrières, la théorie critique féministe, la poésie féministe, l'écoféminisme. Il y a tant de féminismes que c'est comme un millier de fleurs qui s'épanouissent. »* En France, et plus généralement en Occident, quelques noms nous parviennent, emblématiques de la diversité des féminismes indiens dans les années 1970 et 1980 : les féministes sont présentes dans le champ des idées – comme la critique littéraire Gayatri Spivak, autrice de *Les subalternes peuvent-elles parler ?*[2] – et articulent leurs activités de recherche avec un engagement de terrain, telle la philosophe des sciences et activiste écoféministe Vandana Shiva. Dans les milieux pauvres, la cheffe de gang Phoolan Devi, surnommée « la reine des bandits », devient une héroïne connue pour s'en prendre tout particulièrement aux propriétaires terriens des hautes castes. En Inde, les activistes féministes ont en commun d'être surnommées par leurs détracteurs « la brigade des bindis », en référence au point rouge qu'elles arborent souvent sur le front et qui est généralement de grande taille au Bengale, cette région de l'Est du pays dont certaines sont originaires et qui a une forte culture communiste.

Dès la fin de ces décennies, il apparaît clairement aux militantes féministes que les violences sexistes dont les Indiennes sont victimes se doublent de violences basées sur la caste ou l'appartenance communautaire, comme l'illustre le cas de Bhanwari Devi, qui défraie la chronique en 1992. Cette travailleuse sociale est violée par plusieurs hommes après avoir essayé d'empêcher le mariage forcé d'une petite fille de leur famille. Ses agresseurs sont acquittés. Sonora Jha, autrice de *New Feminisms in South Asian Social Media, Film, and Literature*[3] qui avait 20 ans à l'époque, se souvient : *« Bhanwari Devi était une femme de basse caste violée de manière punitive par des hommes de haute caste. Elle a porté plainte. Les policiers l'ont aussi violée, mais elle n'a pas cessé de se battre et a réussi à faire changer la législation sur le harcèlement sexuel au travail. […] Je me suis dit que si elle pouvait parler alors je me devais absolument de dénoncer la violence et les discriminations. »*

Les grandes figures du féminisme des années 1970-2000 sont pour la plupart des femmes de hautes castes qui se mobilisent pour des femmes de conditions inférieures. Même si elles sont généralement tout à fait conscientes de leurs privilèges, elles sont parfois critiquées par d'autres militantes de basses castes ou de communautés marginalisées, ainsi que par les jeunes femmes qui leur succèdent. Certes, la mobilisation suscitée par l'affaire Bhanwari Devi aura permis que justice soit rendue à la victime, que la loi sur le harcèlement sexuel change et que la question des mariages d'enfant (qui fait débat depuis le XIXᵉ siècle) soit l'objet d'un regain d'intérêt. Mais les limites d'un féminisme dit « brahmanique » – équivalent dans la terminologie et sur l'échiquier politique du féminisme « blanc bourgeois » dénoncé en Occident par les féministes dites « intersectionnelles » – apparaissent de plus en plus clairement, ainsi que la nécessité de ne pas calquer les combats féministes indiens sur les agendas et les modes opératoires des féministes occidentales.

---

2. Gayatri Spivak, *Les subalternes peuvent-elles parler ?*, traduit par Jérôme Vidal, éditions Amsterdam, 2009 [1985 pour la version originale]. Voir un extrait dans le n° 3 de *La Déferlante*.

3. « Les nouveaux féminismes dans les médias sociaux, le cinéma et la littérature d'Asie du Sud », ouvrage non traduit en français.

LE CONCEPT DE FÉMINISME, UNE IMPORTATION ?

En hindi, féministe se dit *« narivadi »* et en tamoul *« strivadi »*. Il s'agit de traductions d'un concept exogène. Mais dès les années 1840, nombre d'Indiennes mènent des combats que l'on qualifierait aujourd'hui de féministes, comme Savitribai Phule qui fonde la première école pour filles en 1848, dix ans avant la mainmise officielle de la couronne britannique sur l'Inde. À la fin du XIXᵉ siècle, au sein du mouvement anticolonial, les femmes forment leurs propres organisations et s'emparent de sujets tels que la dot, l'éducation des femmes, les mariages forcés. Dans les années 1920, on les retrouve aux côtés de Gandhi, qui mène le mouvement indépendantiste, et continue d'inspirer leur répertoire d'action politique non violente.

En ce sens, 2021 a été une année particulière. Outre Kamla Bhasin (née en 1946), plusieurs grandes figures féministes sont décédées entre juillet et octobre 2021, parmi lesquelles Jessie Tellis-Nayak (née en 1925) et Rati Bartholomew (née en 1927), dernières représentantes de cette génération qui a combattu pour l'indépendance de l'Inde autant que pour les droits des femmes. Cet *« été de tristesse »*, comme l'a qualifié l'avocate féministe Flavia Agnes sur le site d'information *The Wire*, marque en fait un passage de relais et visibilise l'émergence d'une nouvelle garde de jeunes militantes aussi familières des outils numériques que des méthodes d'action directe héritées du mouvement gandhien. Elles revendiquent explicitement une perspective intersectionnelle.

Ce tournant générationnel était amorcé une décennie plus tôt, avec l'affaire dite «Nirbhaya» : ce surnom, qui signifie «intrépide» en hindi, est celui donné à une jeune femme torturée et violée en sortant du cinéma à New Delhi en 2012. Les médias nationaux et internationaux, comme l'opinion publique indienne dans son ensemble, s'étaient émus du sort de la victime, une femme de la classe moyenne urbaine attaquée par des hommes d'origines rurales et de basse caste. Le niveau de violence dont sont victimes les Indiennes attira l'attention du monde entier et Delhi fut rapidement surnommée « capitale mondiale du viol ». Pour Sagarika Ghose, il s'agit *« sans aucun doute du moment féministe le plus important pour l'Inde dans l'histoire récente »*.

BIEN AVANT #METOO, L'AFFAIRE TARUN TEJPAL

Traité d'abord comme un fait divers (comme tous les féminicides à l'époque), ce meurtre ouvre un cycle de mobilisations sans précédent, marquées par plusieurs victoires. Les féminismes indiens font alors feu de tout bois. La lutte contre les violences faites aux femmes est centrale : en 2013, l'initiatrice de la pétition en ligne Stop Selling Acid, qui depuis 2006 dénonçait le sort des femmes victimes d'attaques à l'acide perpétrées par leur mari ou leur belle-famille, voit enfin son initiative reconnue par la Cour suprême ; celle-ci décide la limitation de la vente d'acide. La même année, l'affaire Tarun Tejpal, un patron de presse progressiste accusé de viol, amorce une prise de conscience des violences sexuelles dans le monde du travail, bien en amont du #MeToo états-unien.

Autre espace de contestation des inégalités de genre : les campus. En 2015, une étudiante de l'université Jamia Millia Islamia à New Delhi écrit une lettre ouverte au président de son établissement pour protester contre le couvre-feu et plus généralement les règles appliquées aux étudiantes (et non aux étudiants) dans les logements sur le campus. L'initiative fait tache d'huile : les élèves d'autres universités se rassemblent dans le collectif Pinjra Tod («Casse la cage»). Elles organisent des manifestations dans les transports publics pour se réapproprier un espace réservé aux hommes, avant que les autorités ne répriment le mouvement. En 2017, c'est la santé menstruelle qui fait l'objet de nouvelles mobilisations. De jeunes féministes s'attaquent à la taxe de 12 % que le comité de la TVA (composé uniquement d'hommes) veut imposer pour les protections hygiéniques, considérées comme des produits de luxe. Leur message est relayé sur les réseaux sociaux par des célébrités via le hashtag #LahuKaLagaan, «taxe du sang » : l'année suivante, cette taxe sexiste est abrogée. En 2018 également, de nombreuses jeunes femmes de la génération des *millennials* rejoignent le mouvement #WhyLoiter, littéralement «Pourquoi traîner », qui consiste à se rassembler la nuit pour se réapproprier l'espace public rendu hostile aux femmes.

À Calcultta, dans le Bengale-Occidental (est de l'Inde), des serviettes hygiéniques sont accrochées à l'occasion de la campagne contre la taxe sur les protections périodiques.
ARINDAM SHIVAANI / NURPHOTO / NURPHOTO VIA AFP

FOCUS

JAMAIS LES FEMMES INDIENNES N'AURONT AUTANT FAIT PARLER D'ELLES ET JAMAIS ELLES N'AURONT AUTANT DE RAISONS DE LE FAIRE.

4. *Khabar Lahariya* a fait l'objet du documentaire *Writing with Fire,* qui a concouru pour l'Inde aux Oscars en 2022.

5. Le terme *hijras* désigne les membres d'une communauté constituée pour l'essentiel de personnes transgenres assignées garçons à la naissance qui se définissent comme femmes.

On les retrouve aussi rejoignant la mobilisation déjà ancienne contre l'article 377 du Code pénal qui criminalise l'homosexualité, poussant la Cour suprême à abroger ce texte en septembre 2018.

Pour se faire entendre, certaines féministes publient des journaux d'information locaux en langue vernaculaire comme *Khabar Lahariya*[4] ou des sites comme *Feminism in India* (feminisminindia.com). D'autres écrivent de la poésie ou utilisent les réseaux sociaux pour faire de l'éducation sexuelle, alerter sur les violences ou dénoncer le système de la dot. Les modes opératoires créent débat avec la génération précédente : les plus jeunes n'hésitent pas à divulguer en ligne l'identité d'hommes soupçonnés de violences sexuelles, quand les aînées du mouvement jugent cela malsain.

Dans certaines régions, comme l'État du Kerala (situé dans le sud-ouest du pays), où la culture politique est particulièrement vive et où le taux d'alphabétisation des femmes est le plus fort du pays, les féministes ont une voix très forte. Le féminisme n'est donc pas l'apanage des classes dominantes bourgeoises, hindoues, urbaines et du nord du pays. Et si les comptes féministes se multiplient sur Twitter et Instagram (on pense aux comptes Feminism in India, Agents of Ishq ou encore Gaysi Family), le féminisme indien de la dernière vague ne se limite évidemment pas non plus à ce féminisme en ligne. De plus en plus de voix dites « subalternes » émergent : des Dalits (terme par lequel s'autodésignent ceux et celles que l'on nomme également « intouchables »), des musulman·es, des personnes issues des minorités sexuelles et de genre, notamment les *hijras*[5]. Trinetra Haldar Gummaraju, une docteure trans originaire de l'État du Karnataka, se fait par exemple la porte-voix de la communauté trans, tandis que la jeune illustratrice Priyanka Paul s'implique pour les droits des personnes LGBTQIA+ et des basses castes. L'intersectionnalité revendiquée par la plupart des féministes indiennes de la nouvelle génération, comme les avocates Trisha Shetty ou Kiruba Munusamy, les amène à prendre part aux différentes luttes pour les droits de ces minorités que les nationalistes hindous attaquent régulièrement.

UNE LUTTE SANS FIN

Dans l'Inde d'aujourd'hui, la voix de Kamla Bhasin n'a donc pas fini de résonner : ses appels à la fureur joyeuse habitent les féministes indiennes qui prennent aujourd'hui le relais à Bombay, à Delhi, dans les bourgades et les villages, à Londres, New York ou Toronto. Jamais les femmes indiennes n'auront autant fait parler d'elles et jamais sans doute elles n'auront autant de raisons de le faire. Les violences basées sur le genre sont toujours aussi nombreuses dans la sphère privée, la condamnation du viol marital est loin de faire l'unanimité, le pourcentage de femmes qui ont un travail rémunéré a chuté ces dernières années et le Covid, qui a fait des ravages en Inde, a encore aggravé les inégalités entre femmes et hommes. Le féminisme n'est pas un concept indien. Il n'en est pas moins une pratique indienne déjà ancienne. Une pratique qui s'est nourrie de la lutte anticoloniale, des méthodes non violentes de Gandhi, de l'exemple du mouvement dalit, des apports de cultures régionales variées. Une pratique intersectionnelle. Une pratique riche d'un million de révoltes. ●

HISTOIRE

TEXTE **Sarah Boucault**
(Lire sa bio page 144.)

Entre les années 1940 et 1980, dans plus de 40 pays, dont la France, des dizaines de milliers d'adolescentes, considérées comme « irrécupérables », ont été placées dans les congrégations religieuses du Bon Pasteur pour y être « redressées ». Une grande majorité y ont été violentées. Bien qu'assignées au silence depuis longtemps, d'anciennes pensionnaires dénoncent aujourd'hui ces violences et demandent des compensations.

MALTRAITANCES AU BON PASTEUR
UN SILENCE RELIGIEUX

Elles sont deux. Éveline Le Bris et Marie-Christine Vennat portent fièrement leurs revendications. La présidente et la trésorière de l'association Les Filles du Bon Pasteur apparaissent régulièrement dans les médias pour raconter leur parcours d'adolescentes cassées. Les autres se risquent à des témoignages timides, ne parlent pas, répondent partiellement, se rétractent. Ont peur. Peur des répercussions sociales du stigmate de la « mauvaise fille », encore fortement ancré dans leur chair et dans l'imaginaire collectif. Peur de soulever la chape de plomb sous laquelle elles ont enfoui ces années noires. Après deux heures de confidences à cœur ouvert, Nicole[1], 72 ans, nous a envoyé ce message : « *Je suis désolée, mais ma fille ne veut pas que je parle de ce passé sinon elle se fâche. Mon fils est de son avis. Donc c'est avec regret que je vous demande de stopper, car je ne veux pas me fâcher avec mes enfants.* » Nicole a un parcours « classique » : doublement violée, elle tombe enceinte à 14 ans avant d'être placée au Bon Pasteur. Elle y connaîtra le viol médical et les insultes des religieuses. Les femmes passées au Bon Pasteur jusque dans les années 1970 cumulent les injonctions au silence. Elles sont écrasées par la honte, envahies par la culpabilité et parfois victimes d'amnésie traumatique. Au plus fort de son activité, le forum des anciennes (créé en 2009) a regroupé 800 membres (aujourd'hui, elles sont environ 500). L'historien David Niget, spécialiste de la justice des mineur·es, estime entre 35 000 et 40 000 le nombre d'adolescentes françaises placées dans ces institutions entre 1940 et 1980. Environ 80 % y auraient subi des violences. Nombre d'entre elles sont décédées depuis, mais elles sont encore des milliers, meurtries et humiliées, susceptibles de demander réparation. « *Nous n'avons reçu ni éducation, ni salaire pour le travail effectué, ni soins de santé* », plaide Éveline Le Bris, enfermée au Bon Pasteur du Mans et coupée de sa famille entre 1963 et 1966, après avoir été violée par un voisin à l'âge de 11 ans. La présidente de l'association elle-même s'est tue pendant des décennies, avant de pouvoir raconter son histoire à voix haute.

PATERNALISME JUDICIAIRE ET « REDRESSEMENT GENRÉ »

Fondée en 1835 à Angers (Maine-et-Loire), la congrégation du Bon Pasteur se donne pour mission de « sauver » les jeunes filles de la « déchéance ». Autour des années 1940, au pic de son activité, 10 000 religieuses et 50 000 jeunes filles vivent dans 350 congrégations du Bon Pasteur réparties dans 40 pays. En France, des milliers d'adolescentes défavorisées y sont placées

[1]. Le prénom a été modifié.

FILLES « INCORRIGIBLES » : PLUS D'UN SIÈCLE DE « CORRECTION » PATRIARCALE ET RELIGIEUSE

1835
Sœur Marie-Euphrasie Pelletier crée la congrégation des sœurs de Notre-Dame-de-Charité-du-Bon-Pasteur, à Angers, pour éduquer les jeunes filles des classes populaires jugées « incorrigibles ».

1945
Réforme de la justice des mineur·es. Le Code civil de 1804 permettait au père de famille de placer ses enfants indiscipliné·es dans des maisons de correction (dont le Bon Pasteur). Cette prérogative est transférée au juge pour enfants qui décide seul de l'enfermement sans besoin de prouver qu'il y a eu délit.

1958
Ordonnance sur « l'enfance en danger » : le magistrat peut dorénavant prendre des mesures de protection des mineur·es qu'il juge vulnérables. Les placements des filles, considérées comme plus fragiles que les garçons, explosent.

2019
Premières excuses de la congrégation française dans *Le Courrier de l'Ouest*.

dans les années 1950 et 1960 par des juges pour enfants, consécutivement à l'ordonnance de 1945, qui leur donne le droit de décider de leur enfermement, jusque-là réservé au père de famille, avec l'argument de la protection (lire la chronologie). Contrairement aux filles des classes aisées, cloîtrées dans la sphère domestique, les filles des classes populaires grandissent dans un environnement plus libre, une menace dont il faudrait les «sauver». À l'époque, les défaillances morales des adolescentes inquiètent plus que les actes illégaux. Dans un ouvrage[2] consacré à la criminalisation des adolescentes dans les années 1950 et 1960, l'historienne Véronique Blanchard pointe ce «*paternalisme judiciaire [...] : des femmes peuvent être enfermées pour des faits non criminalisés, qui n'entraînent dans le cas des garçons aucune sanction. Ainsi, 64 % des filles sont placées pour des faits non pénaux, contre 5 % des garçons.*» Si certaines ont fugué, commis des petits larcins, sont suspectées d'avoir de mauvaises fréquentations ou une sexualité précoce, beaucoup de ces jeunes filles placées ont aussi été victimes d'inceste ou d'agressions sexuelles et sont considérées comme fautives.

À l'intérieur de la congrégation, la vie est monacale, comme si les jeunes femmes avaient fait vœu de célibat et de chasteté. À l'entrée, le viol gynécologique, destiné à connaître leur statut virginal, est la norme. En cas de fugue, les cheveux sont rasés; les corvées de ménage se font à genoux; on leur met les draps sur la tête lorsqu'elles urinent au lit. La discipline religieuse est très forte: messe obligatoire, culture de la mortification, silence toute la journée. Interdiction de parler du passé et de sa vie privée sous peine de punition. «*La culpabilisation est permanente. Elles sont effacées en tant que sujets*», explique David Niget. Cet effacement peut être très concret: certaines pensionnaires sont rebaptisées à leur entrée et ne retrouvent leur vrai prénom que des années plus tard. À la violence physique et psychologique s'ajoute l'incompréhension. Elles ne savent pas ce dont on les accuse. «*Quand j'ai été enfermée, je n'ai rien compris, le ciel s'est abattu sur ma tête. En psychiatrie, on appelle ça la sidération*, raconte Marie-Christine Vennat. *Je n'étais pas une adolescente facile, je tirais les cordons de sonnette, je chipais des pommes. Mais pas de quoi fouetter un chat.*»

Quand elles sortent, le manque à gagner social est considérable: sous-qualifiées et marquées au fer rouge par la honte associée à l'institution, elles font table rase du passé. Aujourd'hui encore, beaucoup n'en ont jamais parlé à leur mari, leurs enfants, leur famille. «*Elles craignent d'être rejetées par leurs proches et d'être renvoyées aux stigmates qui marquent les expériences carcérales ou assimilées*», éclaire Hanan Sfalti, anthropologue, autrice du mémoire «Réformées au Bon Pasteur: comportements, morale et sentiments de femmes déviantes des classes populaires». «*Elles se sont murées dans le silence pour cacher leurs origines, pouvoir se marier, fonder une famille*, renchérit David Niget. *Elles ont dû mentir et se mentir à elles-mêmes. Pour être crédible, il faut oublier, sinon c'est insupportable.*»

C'est parce qu'elle connaît le prix de la parole que Marie-Christine Vennat a été choquée de voir des photos de femmes non anonymisées lors de l'exposition «Mauvaises filles» en 2016, au théâtre du Quai à Angers: «*C'est une honte, une fille peut reconnaître sa mère, sa tante, sa grand-mère. Elle peut être en colère de ne pas savoir ou de penser

HISTOIRE

«ELLES SE SONT MURÉES DANS LE SILENCE POUR POUVOIR SE MARIER, FONDER UNE FAMILLE. POUR ÊTRE CRÉDIBLE, IL FAUT OUBLIER, SINON, C'EST INSUPPORTABLE.»

David Niget, historien

2. Véronique Blanchard, *Vagabondes, voleuses, vicieuses. Adolescentes sous contrôle de la Libération à la libération sexuelle*, éditions François Bourin, 2019, p. 115.

HISTOIRE

« MOI J'AI PRIS CONSCIENCE QUE J'AVAIS ÉTÉ VIOLÉE PAR LE MÉDECIN DU BON PASTEUR IL Y A QUELQUES ANNÉES SEULEMENT. »

Marie-Christine Vennat

3. *« Là où l'objectif était de retrouver la joie de vivre et la dignité personnelle, nous reconnaissons que des comportements inadaptés sont parfois venus ternir des intentions louables. Je le regrette et demande pardon pour ces attitudes qui ont provoqué incompréhension et souffrance. »* Patricia Diet, citée par Vincent Boucault, « Angers : d'anciennes pensionnaires du Bon Pasteur victimes de maltraitance », *Le Courrier de l'Ouest*, 25 novembre 2019.

que sa mère était une mauvaise fille. Pour moi, cette exposition montre qu'on est toujours pointées du doigt. »* Beaucoup d'entre elles ne voient pas l'intérêt de parler, à l'image de Patricia, cloîtrée à Pau de 1969 à 1973 : *« Je n'ai jamais compris pourquoi on veut se souvenir de ça, les générations futures n'ont pas besoin de savoir, ça remue la merde et ça sent mauvais. Parler ne me soulage pas. »* De même, la chanteuse Nicoletta, ancienne pensionnaire, n'a quasiment plus parlé du sujet après la sortie de son livre, *La Maison d'en face* (éditions Florent Massot, 2008), où elle raconte ses années au Bon Pasteur.

DÉNI DE LA CONGRÉGATION MALGRÉ DE TIMIDES EXCUSES

Quand elles consentent à se souvenir, les anciennes pensionnaires en disent d'abord très peu. Entre allusions et sous-entendus, les maltraitances mineures refont surface. Puis, celles qui se livrent (re)découvrent leur histoire avec stupeur – et horreur parfois – en discutant avec des chercheur·ses et des journalistes. *« Récemment, une fille nous a raconté qu'on l'avait mise à quatre pattes et qu'on lui avait introduit des objets dans le vagin,* raconte Marie-Christine Vennat. *C'est très courageux de nous l'avoir raconté. Moi j'ai pris conscience que j'avais été violée par le médecin du Bon Pasteur il y a quelques années seulement. »*

L'attitude actuelle de la congrégation française contribue à renforcer l'invisibilisation et la chape de plomb. Malgré de timides excuses[3] de la supérieure provinciale Patricia Diet, dans le quotidien régional *Le Courrier de l'Ouest* en 2019, *« les sœurs continuent, collectivement et politiquement, d'être convaincues que ce qu'elles ont fait était pour le bien des jeunes filles, "pour les sauver" »*, affirme David Niget. Or, s'il y a bien des exceptions, la maltraitance règne dans presque toutes les congrégations jusqu'aux années 1970.

Cette réalité est totalement rejetée par l'équipe de la congrégation. Plusieurs semaines après que nous l'avons sollicitée pour une interview, sœur Marie-Paule Richard, l'une des cinq membres de la direction du Bon Pasteur de la Province (France, Pays-Bas, Belgique et Hongrie), a bien voulu répondre à nos questions. *« Dans des maisons où il y avait cent filles révoltées, avec deux ou trois religieuses, ces dernières ont été dépassées et certaines ont dépassé les bornes,* reconnaît-elle lors d'un entretien téléphonique. *Mais ce n'est pas juste de dire que toutes les filles ont été maltraitées. Il n'y a jamais eu de système de répression ou d'exploitation voulu. Je suis ferme là-dessus, je ne supporte pas qu'on dise que c'est général. »* Si sœur Marie-Paule Richard assure qu'une *« cellule d'écoute pour recueillir la parole et tendre la main aux femmes qui auraient envie de parler »* va être mise en place, elle rejette en revanche toute idée d'indemnisation : *« Nous pensons que leur donner une somme d'argent ne va pas les guérir. Toutes les sœurs n'ont pas été comme ça, alors demander pardon pour la congrégation tout entière, ce n'est pas cohérent. »*

Dans d'autres pays, comme l'Australie, la congrégation a pourtant fait le choix de s'excuser. Et des enquêtes parlementaires ont été menées en Australie, au Canada, aux Pays-Bas, qui ont abouti à des excuses et des indemnisations de victimes (lire l'encadré page 134). *« En France, c'est de la responsabilité de l'État de conduire une enquête »*, estime David Niget.

Après des décennies de sourdine, la parole se libère lentement. Certaines sont parvenues à récupérer leur dossier et ont pu mieux comprendre les raisons de leur placement. Souvent, elles ont cru que leur famille les avait abandonnées et elles s'aperçoivent que les sœurs leur ont sciemment caché les lettres de leurs parents. Et le soulagement fait place à la colère quand, sans y être préparées, elles découvrent

FORMATION FAMILIALE

Chaque maison du Bon-Pasteur

possède une école ménagère où la jeune fille apprend à tenir un foyer en vue de ses futurs devoirs d'épouse et de mère.

En 1955, à la demande des responsables de la congrégation et sur commande du ministère de la Justice, un album de présentation du Bon Pasteur est réalisé. À l'inverse de ce que montrent ces images de propagande, les anciennes pensionnaires sont nombreuses à raconter avoir été privées d'une quelconque éducation scolaire. *« Nous n'avons reçu ni éducation ni salaire pour le travail effectué »*, rappelle ainsi Éveline Le Bris. Comme le montrent ces prospectus que nous reproduisons et qui datent de cette même année 1955, l'un des objectifs clairement énoncés était de «fabriquer» de «bonnes ménagères».

MINISTÈRE DE LA JUSTICE – ENPJJ

AU BON-PASTEUR L'ŒUVRE DE RÉÉDUCATION

est conçue dans un cadre aussi proche que possible de la vie familiale, dans une atmosphère de confiance et de joie, afin d'obtenir de la jeune fille:
- le réveil de sa conscience
- le développement du sens moral et spirituel
- l'éducation de son cœur et de sa volonté
- sa formation intellectuelle, familiale et professionnelle

HISTOIRE

Marie-Christine Vennat et Éveline Le Bris devant le bâtiment de la communauté du Bon Pasteur d'Angers.
LAURENT COMBET/ COURRIER DE L'OUEST

les commentaires malveillants, voire haineux, des religieuses à leur propos. *« Les termes employés ne pourraient plus s'employer aujourd'hui,* admet sœur Marie-Paule Richard. *Quand on disait qu'une fille était un peu débile, paresseuse, c'était à proprement parler du jugement. Mais il faut remettre dans le contexte, il y a soixante ans, on ne considérait pas du tout les enfants comme on les considère aujourd'hui. Dans n'importe quelle institution, des choses répréhensibles ont été faites, on n'est pas les seules. »*

La gestion des archives de la congrégation laisse penser qu'elles ne sont pas si sûres de leur bon droit. Dans les années 1990 et 2000, 8 000 dossiers ont été partiellement détruits. Incompétence ou intention malveillante ? *« Je pense que, à un moment ou un autre, ces archives ont été considérées comme problématiques,* estime l'historien David Niget. *Mais je ne suis pas capable d'établir la preuve de leur destruction. »* Les religieuses exercent un contrôle drastique sur ces archives. Alors que la loi les oblige à les rendre accessibles, elles ont pratiqué la rétention jusqu'en 2020, freinant la remise de dossiers à d'anciennes pensionnaires et refusant l'accès à la plupart des chercheur·euses et des journalistes. Il existe une quantité énorme d'archives, rigoureusement tenues par les sœurs. Les archives départementales sont censées garantir leur ouverture mais n'ont pas la place de les accueillir et ferme les yeux sur cette politique de rétention.

Les Filles du Bon Pasteur ne comptent pas en rester là. *« Nous voulons une réhabilitation morale pour l'ensemble des filles, un pardon franc et honnête et un dédommagement pour le travail et la maltraitance »*, revendique Éveline Le Bris. *« Nous allons faire pression via notre avocat et la presse,* renchérit Marie-Christine Vennat. *Tout le monde saura ce que les sœurs ont fait dans les années 1960 et bien avant. »* ●

LE LOURD RETARD FRANÇAIS

Si les maltraitances dans les couvents du Bon Pasteur ont eu lieu dans les 40 pays où la congrégation était présente, les excuses, elles, ne sont pas aussi homogènes. Certains pays ont entamé des démarches de dédommagement depuis plusieurs décennies. En Australie, une dizaine d'enquêtes parlementaires ont été menées pour faire la lumière sur les maltraitances des sœurs, et le site de la congrégation nationale affiche ce message : *« Des années 1860 aux années 1970, de jeunes personnes ont été négligées ou abusées. Nous reconnaissons la douleur […] et nous nous excusons. »* Le Canada a engagé des moyens considérables pour faire reconnaître les violences institutionnelles à l'égard des enfants ; tout comme en Irlande, où le scandale de la congrégation des Magdalene Sisters, voisine du Bon Pasteur, a été fortement médiatisé. En 2018, des Irlandaises victimes de violences ont obtenu jusqu'à 20 000 euros chacune. Aux Pays-Bas, un rapport universitaire, commandé par le gouvernement, a conclu au travail forcé et à la responsabilité de l'État, qui s'est excusé. Fin 2020, 140 femmes ont été dédommagées à hauteur de 5 000 euros chacune, au terme de trois ans de combat. En France, ni enquêtes ni excuses officielles. *« La France, comme la Belgique ou l'Espagne, n'a jamais cherché à enquêter, contrairement aux pays de droit britannique où le Parlement a plus de capacité à s'autosaisir,* constate l'historien David Niget. *La France, grande puissance colonisatrice, a tellement de casseroles historiques dans la longue liste des dossiers à rouvrir, que le Bon Pasteur arrive loin. »*

POUR ALLER + LOIN LE BON PASTEUR

PAROLES DE « MAUVAISES GRAINES »
RADIO

En 2013, France Culture a consacré un documentaire aux mineures placées dans les années 1950 au Bon Pasteur en France. Manoushak Fashahi y donne la parole à ces femmes qui décrivent le cachot, le manque de soin, le changement des prénoms, le viol gynécologique. *« Je viens de gagner un aller simple pour l'enfer »*, pense l'une d'entre elles, en intégrant la congrégation.

« Mémoires de "mauvaises graines" : quand les anciennes pensionnaires du Bon Pasteur témoignent », « Sur les Docks », France Culture. Disponible en ligne.

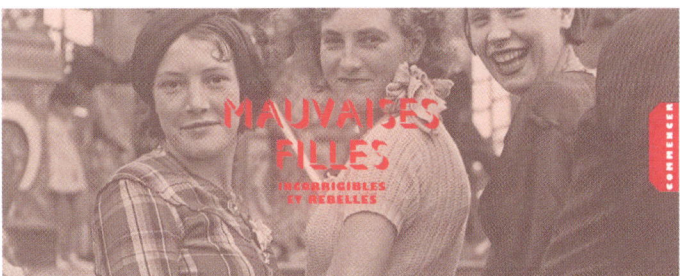

REDONNER LA PAROLE
WEBDOCUMENTAIRE

Hystériques, incorrigibles, voleuses, fugueuses, prostituées, avortées… L'historienne Véronique Blanchard et son confrère David Niget brossent les portraits de neuf jeunes filles jugées « déviantes », de 1840 à nos jours, jouées par les comédiennes de la troupe À la tombée des nues. En parallèle, ces dernières ont mis sur pied une conférence gesticulée et préparent une pièce de théâtre documentaire, à partir des témoignages de femmes passées au Bon Pasteur, des archives et des rencontres avec les historien·nes. *« Ces femmes ont le sentiment qu'on leur a confisqué leur parole, leur vie, et restent parfois dans le silence pendant des années*, témoigne Servane Daniel, comédienne. *Nous voulions aller plus loin dans la parole, redonner la légitimité à ces femmes et ne pas leur faire subir une violence où l'on parle à leur place. »*

Webdocumentaire https://mauvaises-filles.fr
Pièce de théâtre documentaire, sortie en mars 2023, à Angers.

« MAGDALENE SISTERS FRANÇAISES »
FILM

Dans son premier long métrage documentaire, *Mauvaises filles*, Émérance Dubas croise les portraits de quatre femmes qui ne se connaissent pas et partagent un même secret : le passage en maison de correction entre 1930 et 1970. Trois d'entre elles sont allées au Bon Pasteur. Elles racontent leur vie, avant, pendant et après leur placement. *« Ces "Magdalene Sisters françaises", au crépuscule de leur vie, témoignent pour la jeune génération »*, précise la réalisatrice.

Mauvaises filles, 70 minutes, bientôt en salle.

LIVRE

L'historienne Véronique Blanchard s'intéresse aux *« éléments qui transforment la jeune fille sage et docile en délinquante »*. En 1945, le juge pour enfants devient le décideur unique du sort des enfants. *« La justice des enfants s'autorise alors souvent une intervention dite "protectionnelle", qui se révèle inquisitrice et genrée. […] Lorsque le comportement général des jeunes filles n'apparaît pas adapté à leur sexe, le délit est relégué à l'arrière-plan, personnalité, attitude et milieu social et familial devenant les éléments centraux de la procédure. »* La réponse judiciaire et éducative réside dans la répression, sous la forme de placements, souvent au Bon Pasteur.

Véronique Blanchard, *Vagabondes, voleuses, vicieuses. Adolescentes sous contrôle de la Libération à la libération sexuelle*, éditions François Bourin, 2019.

ARCHIVES DE FILLES CLOÎTRÉES
LIVRE

Des enseignant·es-chercheur·euses ont pu accéder, pour la première fois, aux archives du Bon Pasteur à Angers. Entre 2014 et 2018, à quatre, ils et elles ont épluché une partie des dossiers des jeunes filles de la congrégation pour mieux comprendre le fonctionnement du quotidien de l'institution et les trajectoires des pensionnaires, à l'aune de l'histoire de la justice des mineur·es et des déviances juvéniles.

David Niget, Jean-Luc Marais, Pascale Quincy-Lefebvre, Béatrice Scutaru, *Cloîtrées. Filles et femmes dans les internats de rééducation du Bon Pasteur d'Angers, 1940-1990*, Presses universitaires de Rennes. À paraître à l'été 2022.

NEAS

DANS LE TEXTE

MARIAMA BÂ
UNE SI GRANDE DAME

INTRODUCTION **Axelle Jah Njiké**
Autrice afropéenne, podcasteuse, chroniqueuse et militante féministe païenne. Née au Cameroun, elle vit à Paris depuis son enfance. Son premier ouvrage *Journal intime d'une féministe (noire)* vient de paraître aux éditions Au diable vauvert.

Publié pour la première fois en 1979, *Une si longue lettre* de l'autrice sénégalaise Mariama Bâ, est un classique de la littérature africaine d'expression française. L'autrice Axelle Jah Njiké a choisi de présenter un extrait du roman évoquant la dépression nerveuse chez les femmes africaines : un sujet toujours tabou.

1. *Une si longue lettre*, Nouvelles Éditions africaines du Sénégal (1979) a été réédité en France aux éditions Le Serpent à plumes en 2001 et aux éditions du Rocher, en poche, collection Motifs, en 2005.

2. Son second roman, *Un chant écarlate* a été publié à titre posthume. Il met en scène les amours impossibles entre une jeune Française et un jeune Sénégalais qui se rencontrent à l'université de Dakar. Traduit dans sept langues et réédité cinq fois au Sénégal, il vient de reparaître en France avec une préface signée d'Axelle Jah Njiké (éditions les Prouesses, 2022).

Inscrit dans les programmes scolaires et universitaires à travers tout le continent africain, plusieurs fois réédité en France, *Une si longue lettre*[1] est considéré comme l'une des œuvres majeures des lettres africaines du XXe siècle. Mais c'est avant tout un très beau roman épistolaire. Son héroïne, Ramatoulaye, met à profit l'isolement qu'elle doit observer à la suite du décès de son mari pour faire le bilan de sa vie en s'adressant à son amie d'enfance, Aïssatou. Après vingt-cinq ans de mariage, son époux prend une seconde épouse, plus jeune, l'abandonnant elle, ainsi que ses enfants. Mais Ramatoulaye décide de rester dans son foyer. Aïssatou, à qui elle écrit, a fait le choix inverse, divorçant et s'exilant aux États-Unis pour s'affranchir du poids des traditions et de la polygamie. À travers ces deux personnages, Mariama Bâ (1929-1981) décrit deux parcours de femmes qui se soutiennent mutuellement face à une société sénégalaise tiraillée entre enracinement et ouverture. Enracinement dans ses valeurs traditionnelles propres et ouverture à de nouveaux modèles de société dans lesquels les femmes pourraient aspirer à être les sujets de leur existence.

PIONNIÈRE D'UN FÉMINISME AFRICAIN, INTIME ET POLITIQUE

Mariama Bâ est la première autrice africaine qu'il m'ait été donné de lire. *Une si longue lettre* – et sa description jusqu'alors inédite en littérature de la condition de femmes africaines – fut ma première véritable incursion dans l'intimité de celles-ci, pour moi qui avais grandi sans ma mère à mes côtés et avais été éduquée par ses deux fils aînés. Tout comme ma mère à l'époque où je découvre le livre en flânant sur les quais de Seine un dimanche après-midi, Mariama Bâ est âgée de 50 ans quand paraît aux Nouvelles Éditions africaines du Sénégal, son premier roman. Elle s'éteindra deux ans après le succès mondial du livre, à l'âge de 52 ans, des suites d'un cancer. En la lisant, j'ai l'impression pour la première fois d'en apprendre plus sur celle dont je suis l'enfant, même si nous ne sommes pas sénégalaises et musulmanes – comme l'était Mariama Bâ –, mais camerounaises et animistes.

Une si longue lettre est l'une des premières œuvres africaines à rompre avec le silence des femmes par le biais de l'écriture, en retraçant la pression qu'elles subissent. Elle dénonce les préoccupations pour le bien-être des hommes inculquées aux femmes, et brosse, dans une langue superbe, l'âpre réalité de ce qui attend les femmes quand elles ont tout délaissé pour entièrement consacrer leur vie à un époux. Mariama Bâ croyait en l'amour. À sa force et à sa générosité, avec l'intuition que les problèmes de cœur étaient des réalités communes à toutes les femmes du monde. Mais elle n'en demeurait pas moins lucide, s'interrogeant sur la possibilité de véritablement parvenir à concilier amour et épanouissement personnel.

Pionnière d'un féminisme africain éminemment intime et politique – dans lequel les réflexions sur la structure de la famille et du couple, sources d'inégalités flagrantes, sont omniprésentes –, elle était convaincue qu'en Afrique plus qu'ailleurs, les femmes avaient une mission particulière. Qu'elles devaient, plus que leurs pairs masculins, dénoncer les mœurs et les coutumes qui faisaient ployer lourdement leur échine. «*C'est à nous, femmes, de prendre notre destin en main pour bouleverser l'ordre établi à notre détriment et ne point le subir. [...] Les chants nostalgiques dédiés à la mère africaine ne nous suffisent plus. Il faut donner, dans la littérature africaine, à la femme noire, une dimension à la mesure de son engagement, aux côtés de l'homme*», affirme Mariama Bâ au cours d'un discours prononcé à la foire du livre de Francfort en 1980. Le temps d'une œuvre constituée de seulement deux romans[2], elle n'a eu de cesse de révéler les tares d'une société traditionnelle qui favorise souvent la prééminence du groupe sur l'individu – surtout si ce dernier est une femme. Où le bonheur individuel dépend de la communauté, et contraint chacune à se soumettre à ses normes.

Même si les velléités d'émancipation féminine sont perçues par la société dans laquelle elle vit comme incompatibles avec la préservation d'une identité culturelle, Mariama Bâ ne fait pas moins de la quête du bonheur individuel, un droit pour toute femme africaine. Féministe, elle souligne dans cette œuvre d'injustes pratiques masculines comme la polygamie, pointe les rites de veuvage et le système des castes, et centre le récit autour de la construction de soi.

En racontant les destins douloureux et malheureux de plusieurs personnages féminins, elle met en lumière la densité, la complexité, les réalités, l'humanité et la vulnérabilité des femmes africaines. En allant à l'encontre des clichés et des idées qu'on se fait de ces dernières, elle en dévoile la facette la plus fragile. C'est le cas du personnage de Jacqueline, dans l'extrait publié ici. À travers la figure de cette Ivoirienne, Mariama Bâ évoque le sort des femmes abandonnées de sa génération et leur détresse qui peut se transformer en dépression : *« Quand on se laisse mollement pénétrer par l'amertume, la dépression nerveuse guette. Petit à petit, elle prend possession de votre être. Oh ! la dépression nerveuse ! »*

LA DÉPRESSION, UN SUJET TOUJOURS TABOU

Dans cet extrait, elle évoque avec une rare acuité, ce que l'on nomme aujourd'hui la santé mentale. Si j'ai choisi ce passage, c'est précisément parce qu'il aborde un thème peu courant dans la littérature africaine (et encore moins à l'époque de la publication du livre). Aujourd'hui encore, même si des athlètes noires célèbres comme la gymnaste américaine Simone Biles et la tenniswoman japonaise Naomi Osaka (de père haïtien) ont contribué, grâce à leur témoignage en 2021, à poser un regard nouveau sur cette question, celle-ci demeure tabou au sein des communautés afro.

Il illustre avec finesse que la dépression nerveuse n'est pas uniquement un « truc de Blanc » – comme cela peut encore être dit dans les communautés minorées. L'histoire de Jacqueline loin d'être une pause dans le récit, est presque une parabole. Jacqueline s'est opposée aux siens pour épouser Samba Diac, un homme d'une culture et d'une religion différentes de la sienne. *« Noire et africaine »*, dans *« une société noire et africaine »*, elle n'a pas réussi à se faire accepter par ses beaux-parents qui ne lui pardonnent pas de ne pas embrasser la religion musulmane, et de se rendre tous les dimanches au temple protestant. Ne parvenant pas à s'intégrer, à se *« sénégaliser »* et se heurtant aux moqueries qui découragent sa bonne volonté, elle finit par dépérir, minée par les nombreuses infidélités de son époux.

Si Mariama Bâ écrit plus loin dans le livre que *« respectées ou méprisées, souvent muselées, toutes les femmes ont presque le même destin que des religions ou des législations abusives ont cimenté »*, c'est au sort des femmes dans la sphère privée qu'elle s'intéresse. *« Docteurs, prenez garde, surtout si vous n'êtes point neurologues ou psychiatres. Souvent les maux dont on vous parle prennent racine dans la tourmente morale. Ce sont les brimades subies et les perpétuelles contradictions qui s'accumulent quelque part dans le corps et l'étouffent »*, écrit-elle au sujet de Jacqueline. Les blessures intimes révèlent qu'il y a un coût émotionnel et physique à la violence sexiste. La maltraitance affective est une expérience individuelle qui s'inscrit dans le corps. Altère la conscience. Le regard que l'on porte sur le monde. Et sur soi-même. Il faut du courage pour acquérir sa force. Exister en tant qu'individu, faire entendre sa voix. Se choisir. Et ménager des conditions de vie qui nous rendent heureuse. Tel est le féminisme de Mariama Bâ, un espace intime face aux assauts du patriarcat, pour se rencontrer soi, mettre en phase le corps, l'âme et l'esprit. Une individuation par laquelle s'aimer et se relier, définir qui nous sommes. Car tout commence par soi, et finit par soi. ●

> **La maltraitance affective est une expérience individuelle qui s'inscrit dans le corps. Altère la conscience. Le regard que l'on porte sur le monde. Et sur soi-même. Il faut du courage pour exister en tant qu'individu.**

Extrait de UNE SI LONGUE LETTRE

> Dans ce passage, situé au milieu du livre, Ramatoulaye s'adresse à Aïssatou. Elle évoque sa détresse et le sort d'autres femmes, *« méprisées, reléguées ou échangées »* dont les époux se sont séparés *« comme d'un boubou usé ou démodé »*. Parmi celles-ci, Jacqueline, son amie, jeune Ivoirienne dont l'épreuve lui revient à l'esprit.

« Partir? Recommencer à zéro, après avoir vécu vingt-cinq ans avec un homme, après avoir mis au monde douze enfants? Avais-je assez de force pour supporter seule le poids de cette responsabilité à la fois morale et matérielle?

Partir! Tirer un trait net sur le passé. Tourner une page où tout n'était pas luisant sans doute, mais net. Ce qui va désormais y être inscrit ne contiendra ni amour, ni confiance, ni grandeur, ni espérance. Je n'ai jamais connu les revers pourris du mariage. Ne pas les connaître! Les fuir! Quand on commence à pardonner, il y a une avalanche de fautes qui tombent et il ne reste plus qu'à pardonner encore, pardonner toujours. Partir, m'éloigner de la trahison! Dormir sans me poser de questions, sans tendre l'oreille au moindre bruit, dans l'attente du mari qu'on partage.

Je comptais les femmes connues, abandonnées ou divorcées de ma génération.

J'en connaissais dont le reste de jeunesse florissante avait pu conquérir un homme valable qui alliait situation et prestance et que l'on jugeait « mieux, cent fois mieux que le partant ». La misère qui était le lot de ces femmes régressait à l'envahissement de leur bonheur neuf qui changeait leur vie, arrondissait leurs joues, rendait brillants leurs yeux. J'en connaissais qui avait perdu tout espoir de renouvellement et que la solitude avait mises très tôt sous terre.

[...]

Alors que la femme puise, dans le cours des ans, la force de s'attacher, malgré le vieillissement de mon compagnon, l'homme, lui, rétrécit de plus en plus son champ de tendresse. Son œil égoïste regarde par-dessus l'épaule de sa conjointe. Il compare ce qu'il eut à ce qu'il n'a plus, ce qu'il a à ce qu'il pourrait avoir.

J'avais entendu trop de détresses, pour ne pas comprendre la mienne. Ton cas, Aïssatou, le cas de bien d'autres femmes, méprisées, reléguées ou échangées, dont on s'est séparé comme d'un boubou usé ou démodé.

Pour vaincre la détresse quand elle vous assiège il faut de la volonté. Quand on pense que chaque seconde écoulée abrège la vie, on doit profiter intensément de cette seconde, c'est la somme de toutes les secondes perdues ou cueillies qui fait les vies ratées ou réussies. Se muscler pour endiguer les désespoirs et les réduire à leurs justes proportions! Quand on se laisse mollement pénétrer par l'amertume, la dépression nerveuse guette. Petit à petit, elle prend possession de votre être.

Oh! la dépression nerveuse! Les cliniciens en parlent d'une façon détachée, ironique, en soulignant que vos organes vitaux ne sont pas atteints. C'est juste s'ils ne vous disent pas que vous les ennuyez avec l'énumération toujours plus longue de vos maux – tête, gorge, poitrine, cœur, foie – qu'aucune radiographie ne confirme. Et pourtant, quels maux atroces que ceux déclenchés par la dépression nerveuse!

Et je pense à Jacqueline, qui en fut atteinte. Jacqueline cette Ivoirienne qui avait désobéi à ses parents protestants pour épouser Samba Diack, le promotionnaire de Mawdo Bâ, médecin comme lui, affecté à sa sortie de l'École Africaine de Médecine et de Pharmacie à Abidjan. Jacqueline nous fréquentait, puisque son mari fréquentait les nôtres. En regagnant le Sénégal, elle atterrissait dans un monde nouveau pour elle, un monde différent en réactions, tempérament et mentalité de celui où elle avait évolué. De plus, les parents de son mari – toujours les parents – la boudaient d'autant plus qu'elle ne voulait pas embrasser la religion musulmane et allait tous les dimanches au temple protestant.

Noire et Africaine, elle aurait dû s'intégrer, sans heurt, dans une société noire et africaine, le Sénégal et la Côte d'Ivoire ayant passé entre les mains du même colonisateur français. Mais l'Afrique est différente, morcelée. Un même pays change plusieurs fois de visage et de mentalité, du Nord au Sud ou de l'Est à l'Ouest.

Jacqueline voulait bien se sénégaliser, mais les moqueries arrêtaient en elle toute volonté de coopération. On l'appelait *gnac** et elle avait fini par percer le contenu de ce sobriquet qui la révoltait.

Son mari, qui revenait de loin, passait ses loisirs à pourchasser les Sénégalaises «fines», appréciait-il, et ne prenait pas la peine de cacher ses aventures, ne respectant ni sa femme ni ses enfants. Son absence de précautions mettait sous les yeux de Jacqueline les preuves irréfutables de son inconduite: mots d'amour, talons de chèques portant les noms des bénéficiaires, factures de restaurants et de chambres d'hôtel. Jacqueline pleurait, Samba Diack «noçait» toujours. Et un jour, Jacqueline se plaignit d'avoir une boule gênante dans la poitrine, sous le sein gauche; elle disait avoir l'impression d'être pénétrée là par une pointe qui fouillait la chair jusqu'au dos. Elle geignait. Mawdo l'ausculta: rien au cœur, dit-il. Il prescrivit un calmant. Jacqueline prit avec ardeur ses comprimés, tenaillée par la douleur insidieuse. Le flacon vide, elle constata que la boule demeurait à la même place; la souffrance la harcelait avec la même acuité.

Elle s'en ouvrit à un médecin compatriote, qui demanda son électrocardiogramme, ordonna des analyses diverses de sang. Rien dans le tracé électrique du cœur, rien d'anormal dans le sang. Il prescrivit, lui aussi, un calmant, de gros comprimés effervescents qui ne vinrent pas à bout de l'angoisse de la pauvre Jacqueline.

Elle pensa à ses parents, à leur refus de cautionner son mariage. Elle leur écrivit une lettre pathétique où elle implorait leur pardon. Leur

* broussarde

bénédiction lui parvint, sincère, mais ne put rien contre l'étrange pesanteur de la poitrine.

On emmena Jacqueline à l'hôpital de Fann sur la route de Ouakam, près de l'université qui y envoie en stage, comme à l'hôpital Aristide Le Dantec, ses étudiants en médecine. [...] Il fallut lui expliquer que les fous étaient en psychiatrie et que, en ces lieux, on les appelle malades mentaux. Ils n'étaient pas violents d'ailleurs, ceux-là étant internés à l'hôpital psychiatrique de Thiaroye. Jacqueline était en neurologie, et nous qui venions la visiter, apprîmes que l'hôpital abritait également des services où l'on soignait la tuberculose et les maladies infectieuses.

Jacqueline était prostrée dans son lit. Ses beaux cheveux noirs délaissés, qu'aucun peigne n'avait démêlés depuis qu'elle courait de médecin en médecin, formaient sur sa tête des touffes hirsutes. Le foulard qui les protégeait, en se déplaçant, découvrait l'enduit de mixture de racines que nous y versions, car nous avions recours à tout pour arracher cette sœur à son univers infernal. Et, c'est ta mère, Aïssatou, qui allait consulter pour nous les guérisseurs, et ramenait de ses visites safara* et directives de sacrifices que tu t'empressais d'exécuter.

Jacqueline pensait à la mort. Elle l'attendait, craintive et tourmentée, la main sur la poitrine, là où la boule invisible, tenace, déjouait tous les pièges, se moquait avec malice de tous les tranquillisants. Jacqueline avait pour voisine de chambre un professeur de lettres, Assistante Technique enseignant au Lycée Faidherbe de Saint-Louis. De Saint-Louis, dit-elle, elle n'a pu connaître que le pont qui enjambe le fleuve. Un mal de gorge, aussi soudain que violent, l'a empêchée de prendre service et l'a conduite ici où elle attend son rapatriement.

Je l'observe souvent. Vieille pour son état de demoiselle. Maigre, anguleuse même, sans charme attachant. Les études avaient dû être les seules distractions de sa jeunesse. Revêche, elle a dû bloquer tout élan passionnel. Un poste de professeur au Sénégal a dû correspondre à ses rêves d'évasion. Elle est ainsi venue, mais tous ses rêves avortés, toutes ses espérances déçues, toutes ses révoltes tues se sont ligués à l'assaut de sa gorge que protégeait un foulard bleu marine à pois blancs qui tranchait sur la pâleur de sa poitrine. Le médicament qui badigeonnait la gorge bleuissait les lèvres minces, pincées sur leur misère. Elle avait de grands yeux bleus, lumineux, seule clarté, seule charité céleste dans l'ingratitude du visage. Elle regardait Jacqueline. Jacqueline la regardait. Elle tâtait sa gorge. Jacqueline tâtait sa poitrine. Et nous riions de leur manège, surtout quand la malade de la chambre voisine arrivait pour « causer », dit-elle, et découvrait son dos à la caresse rafraîchissante du climatiseur. Elle souffrait de bouffées de chaleur excessivement brûlantes à cet endroit.

Étranges et multiples manifestations de dystonies neuro-végétatives. Docteurs, prenez garde, surtout si vous n'êtes point neurologues ou psychiatres. Souvent les maux dont on vous parle prennent racine dans la

* Liquide au pouvoir surnaturel

tourmente morale. Ce sont les brimades subies et les perpétuelles contradictions qui s'accumulent quelque part dans le corps et l'étouffent.

Jacqueline, aimant la vie, supporta vaillamment prise de sang sur prise de sang. On refit électrocardiogramme, et radiographie pulmonaire. On lui fit un électro-encéphalogramme qui décela des traces de souffrances. Une électro-encéphalographie gazeuse s'avéra dès lors nécessaire. Elle est douloureuse à l'extrême, accompagnée toujours d'une ponction lombaire. Jacqueline demeura ce jour-là, clouée au lit, plus pitoyable et plus hagarde que jamais.

Samba Diack se montra gentil et affecté devant le délabrement de sa femme.

Un beau jour, après un mois de traitement (piqûres intraveineuses et tranquillisants), après un mois d'investigations, alors que sa voisine française avait regagné son pays, le médecin-chef du service de Neurologie convoqua Jacqueline. Elle eut en face d'elle un homme que la maturité et la noblesse du métier embellissaient davantage, un homme que le commerce de la plus déplorable des misères – l'aliénation mentale – n'avait point aigri. Il fouilla de ses yeux aigus, habitués à jauger, les yeux de Jacqueline, pour déceler dans cette âme, la source des angoisses qui perturbaient l'organisme. D'une voix douce, rassurante qui était déjà un baume pour cet être exalté, il confia : « Madame Diack, je vous garantis la santé de votre tête. Les radios n'ont rien décelé, les analyses de sang non plus. Vous êtes simplement déprimée, c'est-à-dire… pas heureuse. Les conditions de vie que vous souhaitez différent de la réalité et voilà pour vous des raisons de tourments. De plus vos accouchements se sont succédé trop rapidement ; l'organisme perd ses sucs vitaux qui n'ont pas le temps d'être remplacés. Bref, vous n'avez rien qui compromette votre vie. »

« Il faut réagir, sortir, vous trouver des raisons de vivre. Prenez courage. Lentement, vous triompherez. Nous allons vous faire une série de chocs sous curare qui vous détendront. Vous pourrez partir ensuite. »

Le médecin ponctuait ses mots de hochements de tête et de sourires convaincants qui mirent en Jacqueline beaucoup d'espérance. Ranimée, elle nous rapporta ces propos et nous confia qu'elle était sortie de cet entretien à moitié guérie. Elle connaissait le noyau de son mal et le combattrait. Elle se moralisait. Elle revenait de loin, Jacqueline. ●●●

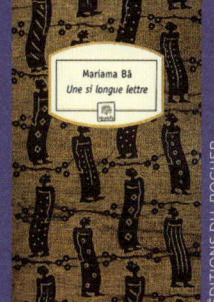

ELLES ET ILS ONT PARTICIPÉ À CE NUMÉRO

Sarah Boucault
Journaliste nantaise, elle s'intéresse aux sujets en lien avec la mort. Elle est titulaire d'un master de genre, et les sujets féministes sont au cœur de ses préoccupations. Elle enquête depuis 2020 sur les maltraitances infligées aux femmes passées au Bon Pasteur, et signe les pages Histoire de ce numéro (p. 129).

Mathilde Forget
Autrice et compositrice, elle a publié deux romans, *À la demande d'un tiers* et *De mon plein gré* aux éditions Grasset en 2019 et 2021, composé un album, *Le Sentiment et les forêts*, et plusieurs musiques de film. Elle signe la carte blanche sur Herculine Barbin (p. 54).

Rose Lamy
Elle a créé en 2019 le compte Instagram *Préparez-vous pour la bagarre*, suivi aujourd'hui par plus de 210 000 personnes. *Défaire le discours sexiste dans les médias* est son premier livre (JC Lattès, 2021). Rose Lamy est par ailleurs chargée de communauté à *La Déferlante*. Son retour sur l'affaire Cantat est à lire page 114.

PALM
Priscilla, alias PALM illustrations, est illustratrice free lance. Armée de son second degré bien acide, elle tient une page Instagram où elle s'amuse à illustrer les expressions françaises. Elle signe les illustrations du récit du dossier «Rire» (p. 76).

Anne-Laure Pineau
Journaliste pigiste indépendante, membre du collectif Youpress et de l'AJL (Association des journalistes lesbiennes, gays, bi·es, trans et intersexes). Pour ce numéro, elle a enquêté sur la nouvelle génération d'humoristes (p. 68).

Marion Dubreuil
Journaliste judiciaire indépendante, elle a travaillé au service police justice de RMC puis d'Europe 1. Elle s'intéresse aux violences faites aux femmes et à la protection de l'enfance, notamment sous l'angle des crimes et délits sexuels. Sa première chronique sur la justice au prisme des luttes féministes est à lire page 42.

Audrey Guiller
Journaliste indépendante (*Ouest-France*, *Le Media social*, *Mediapart*) et autrice, elle traite de questions de société, relations humaines et genre. Elle est batteuse amatrice dans un trio punk féminin à Rennes. Elle a proposé et co-organisé le Girls Rock Camp rennais avec le Jardin Moderne (p. 24).

Lisa Lugrin
Diplômée de l'école de bande dessinée d'Angoulême, elle reçoit le prix Révélation au festival d'Angoulême en 2015 pour *Yékini, le roi des arènes*, aux éditions Flblb et publie plusieurs bandes dessinées aux éditions Delcourt dont *Jujitsuffragettes, les Amazones de Londres* (2020). Elle a dessiné la BD sur Mary Read et Anne Bonny (p. 94).

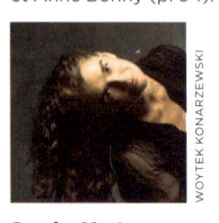

Marion Rousset
Journaliste indépendante, collaboratrice régulière de *Télérama*, elle travaille également avec *Causette*, *Témoignage chrétien* et *Le Monde*. Elle est membre du collectif Les Incorrigibles. Pour ce numéro, elle a interviewé l'historienne Sabine Melchior-Bonnet (p. 86).

Louise Quignon
Photographe au sein de l'agence Hans Lucas, elle développe, en dehors de son travail de commande, un regard sensible sur le quotidien et l'espace urbain. Elle vit et travaille entre Rennes et Paris. Elle a réalisé le reportage photo sur le Girls Rock Camp page 24.

Laurène Daycard
Journaliste indépendante, membre du collectif Les Journalopes, elle travaille depuis plusieurs années sur les violences de genre et écrit un livre sur les féminicides, à paraître aux éditions du Seuil dans les mois qui viennent. Dans ce numéro, elle a mené le débat sur les féminicides (p. 32).

Nathalie Kuperman
Autrice d'une dizaine de romans (dernier paru: *On était des poissons*, 2021, Flammarion), elle publie aussi des histoires pour la jeunesse et écrit des pièces radiophoniques diffusées sur France Culture. Elle est également éditrice aux éditions de l'Olivier. Elle signe dans ce numéro le récit du dossier «Rire» page 76.

Sandra Martagex
Diplômée des Beaux-Arts de Paris, elle expose son travail depuis 1995 de Paris à San Francisco en passant par la Chine, participe à des résidences d'artistes et son travail paraît dans diverses publications. Elle est l'autrice des dessins qui illustrent la carte blanche page 54.

Ingrid Therwath
Docteure en sciences politiques, spécialiste de l'Inde, elle a écrit de nombreux articles et co-écrit plusieurs ouvrages sur ce pays. Elle est également journaliste à *Courrier international* et membre de l'AJL (Association des journalistes lesbiennes, gays, bi·es, trans et intersexes), qu'elle a co-présidée de 2020 à 2022. Pour *La Déferlante*, elle revient sur les révoltes féministes indiennes, page 122.

Clément Xavier
Il vit à Marseille, quand il ne voyage pas pour se documenter et écrire des scénarios de bandes dessinées, illustrés principalement par sa compagne, Lisa Lugrin. Dernièrement, ils ont rédigé ensemble l'adaptation d'une *Histoire populaire de la France*, le best-seller de Gérard Noiriel, paru aux éditions Delcourt. Il signe le scénario de la bande dessinée page 94.